LA GRANDE GUERRE

LA GRANDE GUERRE

Récits de Combattants

MARCEL NADAUD   JEAN RENAUD

GASTON RIOU   EMILE HENRIOT

CAPITAINE CANUDO

RECUEIL

FAIT ET BRIÈVEMENT ANNOTÉ PAR

A. WILSON-GREEN, M.A.

CAMBRIDGE

AT THE UNIVERSITY PRESS

1919

CAMBRIDGE
UNIVERSITY PRESS

University Printing House, Cambridge CB2 8BS, United Kingdom

Published in the United States of America by Cambridge University Press, New York

Cambridge University Press is part of the University of Cambridge.

It furthers the University's mission by disseminating knowledge in the pursuit of
education, learning and research at the highest international levels of excellence.

www.cambridge.org
Information on this title: www.cambridge.org/9781107692602

© Cambridge University Press 1919

First published 1919
First paperback edition 2014

A catalogue record for this publication is available from the British Library

ISBN 978-1-107-69260-2 Paperback

By arrangement with Messrs Hachette and Co.,
these selections have been made from the fol-
lowing volumes of their

Mémoires et Récits de Guerre :

Marcel Nadaud : *En Plein Vol.*
Gaston Riou : *Journal d'un simple soldat.*
Jean Renaud : *La Tranchée Rouge.*
Capitaine Canudo : *Combats d'Orient.*
Emile Henriot : *Carnet d'un Dragon.*

Preface

IT is hoped that this volume of episodes of the Great
War may have permanent value as a record of some
sides of the achievement and experience of France.
All of the authors took active part in the events they
describe, and it will be realised in reading them that
their distinction is that they are writers as well as
soldiers. Their range is wide and varied. It covers
warfare on land and in the air, in France, in Serbia and
at Cape Helles; it includes vivid pictures of life in and
behind the trenches, in devastated France, in a French
hospital and in a German prison. Throughout an impression is conveyed, which will not easily be forgotten,
of the courage, the gaiety and the resource of France.

A. W.-G.

MARCH, 1919.

TABLE

Marcel Nadaud

Gaston Riou

Jean Renaud

Marcel Nadaud

UN BAPTÊME

"Messieurs... demain réveil à quatre heures... Départ au petit jour... Nous prendrons notre hauteur sur Épernay... Puis, nous passerons les lignes ici...en évitant la forêt que vous voyez..." L'index du capitaine court sur la carte, et sur notre carnet nous notons les objectifs à bombarder.

"Cent vingt litres d'essence. Donnez des ordres à vos mécanos. Bonsoir."

Puis, sur le point de sortir et nous désignant un soldat qui l'avait accompagné:

"J'oubliais... Je vous présente le caporal pilote M... qui est arrivé ce soir de la Réserve Générale sur un appareil neuf... Il fait désormais partie de notre escadrille... A demain..."

Nous serrons la main au nouveau venu, un jeune homme frêle, à l'air très doux, un peu trop "fillette" à notre gré.

Nous l'invitons à partager notre whisky sans soda —hélas!—et à prendre une place à notre poker.

Il s'y refuse courtoisement, avec des mots extrêmement aimables, mais très fermement.

"Encore un type à *chichis!* ronchonne V..., atrabilaire depuis qu'il a raté son dernier aviatik.

—Un fils "à maman" qui va le faire à la pose," murmure J... dont le froid a réveillé les rhumatismes, et qui a l'arthritisme particulièrement amer.

Pour couper court, nous nous mettons à jouer, et l'on n'entend plus que le froissement des cartes, le tintement des sous,—nous ne sommes pas millionnaires,—le pétillement d'un feu de pins qui sent bon et la chanson de la bouilloire pour confectionner le grog aux grippés. Notre nouveau camarade s'est assis, a tiré de sa poche un livre qu'il parcourt sans plus se soucier de nous.

Cette attitude nous irrite un peu. Nous sommes habitués aux camarades expansifs qui, arrivant de l'arrière, sont heureux de déballer d'un seul coup tout ce qu'ils savent, tout ce qu'ils ont appris, de nous jeter en pâture les derniers potins de la Chambre et des coulisses, dont nous sommes si friands, et que nous dégustons en véritables gourmets.

"Pas rigolo le nouveau!... Sais-tu ce qu'il lit?

—Demande-le-lui... Ça sera une façon comme une autre de prendre langue."

V... profite d'une halte de poker pour s'adresser à lui.

"Vous lisez sans doute le nouveau-né de René Benjamin... ou *le Sens de la Mort* de Bourget?...

—Non...non...un vieux livre...: *la Chambre blanche* de Bataille..., des vers...

—Des vers!... vous pouvez lire des vers à la guerre! s'esclaffe V... avec un mépris non dissimulé.

—Pourquoi pas?... D'ailleurs, c'est la première fois

que je viens au front... J'ai passé mon brevet militaire il y a trois semaines...

—Eh bien! mon cher... vous n'avez pas choisi le *filon* de venir en escadrille de bombardement... Ça n'est plus l'école... Fini Étampes... Pau... Avord ou Juvisy... Ici, il y a les Boches... et ils nous *sonnent*... c'est un plaisir!...

—Je ferai mon possible," réplique le nouveau, fermement.

Son assurance choque un peu. Faut-il l'avouer, les *vieux* pilotes, dont plusieurs ont fait la campagne depuis le début, apprécient le jeune pilote qui, dès l'arrivée, demande des renseignements, des tuyaux, les obligeant ainsi à raconter leurs aventures aériennes, quelquefois leurs exploits.

On a beau être modeste... on aime bien montrer qu'on n'a pas eu peur du danger; on se plaît à décrire les péripéties d'un combat qui vous a valu votre palme.

Il est énervant ce jeune camarade avec son mutisme, son jemenfichisme!... S'il était encore un vieux de la vieille, une croix de guerre, mais un gosse—une classe 16 au moins—qui sort de l'École, qui ne connaît pas les mystères du poker et méprise le whisky!

Sa presse est mauvaise, il n'y a pas à le lui dissimuler, et c'est mollement que nous lui serrons la main en allant nous coucher.

... Cinq heures... Le terrain de départ... Vent du Nord... gelée blanche... Nous battons la semelle... Les phares à acétylène braqués sur les appareils éclairent les mécanos occupés aux derniers préparatifs... Le ciel pâlit, blanchit vers l'Est... vers les Boches...

Le capitaine descend de son auto:

"Notre escadrille partira la première; chacun par grade et ancienneté comme d'habitude...

—Et moi, mon capitaine?"

C'est notre jeune et peu communicatif camarade qui a parlé.

"Vous?... Mais vous allez faire quelques vols d'essai, puis quelques bombardements de lignes... Alors vous pourrez prendre part aux grands raids.

—Mon capitaine, je vous serais reconnaissant de m'accorder la faveur de partir aujourd'hui avec l'escadrille... Ça sera pour moi le meilleur des apprentissages."

... Un temps d'arrêt; le capitaine le dévisage, puis:

"A votre aise... Je ne puis vous refuser d'aller vous battre... Votre appareil est prêt?

—Oui, mon capitaine... Il est en ligne avec les autres..."

... Le jour se lève... Devant nous, nos oiseaux sont alignés comme pour une parade; celui de notre camarade le dernier.

Tout à coup, nous nous regardons tous et nous pouffons...

Sur le devant de sa *carlingue* s'étale en lettres dorées un nom de femme: "*Berthe*."

Il faut dire que nos chefs nous laissent la latitude de baptiser nos *coucous*.

Nous avons à l'escadrille le clan des fantaisistes avec: *Madeleine-Bastille, Mais j'vais piquer, Pan... dans l'œil*, celui des sérieux avec: *Quand même! Alsace, La Revanche*, mais bien que souvent nous ayons été tentés de mettre nos appareils sous la protection d'un nom chéri, nous n'avions jamais osé.

Le capitaine fronce les sourcils et bourru:

"Berthe! Berthe!... Si chaque pilote colle le nom de sa bonne amie sur sa *carlingue*, ça n'est plus une escadrille que j'aurais l'air de commander!... Vous m'avez compris!..."

Puis narquois:

"Eh bien!... Allez donc la faire baptiser votre '*Berthe*.' Messieurs les Boches ne manqueront pas de vous envoyer les dragées d'usage!..."

Nous exultons, satisfaits que le nouveau ait reçu une bonne leçon:

C'est un petit crâneur!... Il ne doute de rien... Ça n'a jamais survolé les lignes et ça se permet d'inscrire le nom de sa *poule* sur son oiseau!... Que feront les vétérans, alors?... Il n'y a plus d'enfants...

... Le jour s'est levé, blafard, livide, comme s'il avait passé une bien mauvaise nuit; là-bas, il se farde légèrement de rose... Il a raison de se refaire une beauté!...

Départ... Un peu avant, le capitaine m'a appelé et m'a confié:

"Pendant le raid, veillez sur le nouveau... Je lui ai donné un vieux bombardier... mais ça ne fait rien... Ayez-le à l'œil... Il est idiot, ce gamin, avec sa '*Berthe*,' mais ça n'est pas une raison pour le laisser dans l'embarras...

—Compris..."

Quelques minutes plus tard, en compagnie de V..., mon fidèle bombardier, nous volions dans le sillage du nouveau.

Vent de côté gênant..., quelques remous au-dessus des bois...

"Pas maladroit '*Berthe*'!

—Oui... virages corrects..."

La traditionnelle montée... 2400 mètres... Fusée... Nous passons les lignes... Canonnade... Flocons blancs ... Flocons noirs... Recanonnade... Ils nous serrent de près aujourd'hui leurs artilleurs, mais nous ne pensons guère au danger... Nous regardons "*Berthe*" qui tient le coup superbement.

"Il n'a pas les *foies*!

—Ah! le bougre!... Il sait *en tâter*!..."

Arrivée sur l'objectif... Repérage... lâchage de bombes... en route pour la France!...

Le nouveau nous épate littéralement; un sang-froid remarquable qui se traduit par une tenue parfaite de la ligne de vol.

Nous sommes confondus et un peu dépités, si confondus et si dépités que nous ne voyons pas un aviatik qui nous a pris en chasse qu'après avoir entendu et reçu la première salve de sa mitrailleuse. Conversation rapide et animée "chez nous."

"Nous sommes propres!

—Tu ne l'as donc pas vu?

—Je regardais le nouveau... Droit dessus...

—Attention... Je piquerai brusquement pour passer dessous...

—Ce coup-ci, je ne le rate pas...

—Amen!"

Manœuvre sous les balles... Je pique... L'aviatik est au-dessus de nous et reçoit en passant une salve bien soignée de V...; il paraît touché dans ses œuvres vives, car il plonge en vitesse.

"Il en tient!... Il en tient!" hurle V... qui entame un cake-walk de réjouissance, puis, brusquement:

"Zut!... Un autre!...

—Quoi?

—Un autre aviatik!... Ah! Je ne joue plus!... Ils exagèrent!..."

Ça commence à être moins drôle... beaucoup moins drôle... La manœuvre pour faire face à l'aviatik nous a séparés des camarades... Enfin..., allons-y!...

Nouvelle manœuvre, qui réussit; V..., encouragé par son récent succès, vise soigneusement, comme au stand.

Tac... tac... tac... tac... tac..., puis il s'arrête.

"Tire... mais tire donc, animal!...

—Enrayage!... Ma mitrailleuse est enrayée!..."

Ça va de moins en moins bien... Je me cramponne au *manche* et commence une série de virages excentriques pour dérouter l'adversaire, tandis que V..., délaissant sa mitrailleuse inutile, continue courageusement la lutte à coups de carabine, mais elle est par trop inégale; nous sommes encore à une quinzaine de kilomètres des lignes; c'est, au minimum, dix minutes à tenir... Dix minutes... Dix siècles!

"C'est pour aujourd'hui, le pain KK! crie V..., blême de rage; puis, subitement:

—Un copain!... Un copain!... Ils ne nous ont pas encore!...

—Un monoplan?

—Non, un biplan!... Il a le vent pour lui... Il arrive!... Il arrive!... Ah! chic!... chic!..."

A notre gauche, un biplan vient à toute allure à notre secours. A 1000 mètres, il engage déjà le combat; l'aviatik nous abandonne et se porte au-devant du nouvel adversaire.

Combat, merveilleux combat, auquel nous assistons presque impuissants... Les mitrailleuses crépitent... Cocardes tricolores contre croix noires... Nous sommes angoissés, haletants...

Bravo!!! Hurrah!!! le Boche est touché!... Il vire de bord, à moitié déséquilibré, et fuit comme un oiseau blessé...

Impossible de le poursuivre; nous sommes encore sur les Boches qui recommencent à nous arroser sans crainte de toucher leur avion. Belle journée! Deux ennemis en déroute mais nous ne pensons pas à la victoire.

Nos cœurs vont à ceux qui nous ont sauvés, dans un élan de reconnaissance et d'admiration.

Qui est-ce?... Nous nous rapprochons... sa *carlingue*... Je regarde... Ma direction m'échappe presque des mains... "*Berthe*"... c'est "*Berthe*"! C'est le nouveau qui nous a sauvés!...

V... et moi, nous échangeons un long regard sans parler, mais nous nous sommes compris; le remords, un remords immense nous étreint, et c'est l'oreille basse que nous regagnons notre atterrissage.

A l'arrivée, en deux mots, les camarades sont mis au courant. Stupeur... puis enthousiasme débordant, et quand le "nouveau" vient se poser, le capitaine en tête, nous nous portons à sa rencontre au pas gymnastique.

V... et moi escaladons sa *carlingue* et sans façon

l'embrassons. Mais, lui, avec un charmant sourire, nous écartant doucement:

"Faites attention, messieurs, je suis légèrement blessé," et il nous désigne son bras gauche d'où coule un mince filet de sang.

Son bombardier explique d'une voix hachée:

"Merveilleux!... Il est merveilleux! Vous entendez... c'est un *as*!... un *as*! C'est lui qui vous a vus en danger et qui, d'autorité, a mis le cap sur vous... Blessé... il a gouverné sans une défaillance... C'est un *as*!..."

Avec d'infinies précautions nous l'enlevons de son appareil, et son bras blessé vient, en frôlant l'extérieur de la *carlingue*, laisser une trace sanglante sur "*Berthe*," sur ce nom que nous avions tellement blagué, et le capitaine avec émotion:

"Vous venez de le baptiser avec votre sang, mon jeune camarade... Son nom lui restera... Vous l'avez gagné... Ça fera plaisir à votre petite amie!..." Et le "nouveau," avec un sourire de fillette, un peu crispé par la douleur:

"Ça fera surtout plaisir à ma maman, mon capitaine, car '*Berthe*,' c'est le prénom de ma maman!"

SON FILS

Midi. A cette heure, à Paris, on se met à table; nous, nous en sortons.

Les uns jouent aux cartes, aux dames, aux dominos; d'autres font leur correspondance; ceux-ci commentent à haute voix les journaux du matin, et celui-là suit son rêve dans la fumée de sa cigarette...

"Aux ordres... chez le commandant!"

... Nous y sommes.

"Messieurs... j'appelle votre attention sur le bombardement que vous allez faire aujourd'hui. Bien que l'objectif ne soit pas très éloigné de nos lignes, si vous le réussissez, vous obtiendrez un résultat dont les conséquences pourront être d'une réelle importance... Voyez ... ici... le chemin de fer... cette ligne a été doublée par les Allemands... cette gare... là... son trafic était faible en temps de paix... mais ils en ont fait la gare régulatrice du ravitaillement de toute une armée... Donc, frappez juste... et fort... Néanmoins, vous n'oublierez pas que vous êtes en territoire envahi, en terre française... respectez ce qui n'a pas un caractère nettement militaire... Ce n'est pas tout... à environ 5 kilomètres... il y a le petit village de J... là... au creux de cette vallée... Vous me suivez?... il y a là un dépôt d'explosifs, près de la mairie... à gauche de la grande place. Il ne faut pas l'épargner. Par suite, pendant le bombardement de la gare, l'un de vous se détachera du groupe et ira jeter des bombes incendiaires sur ce dépôt... un seul avion suffira... Le vôtre, ajoute-t-il, en se tournant vers moi.

—Bien, mon commandant.

—Son moteur est neuf, n'est-ce pas? Sa vitesse est donc supérieure à celle des autres...

—De 8 kilomètres à l'heure environ...

—Vous partirez en tête... L'avance et votre supério-rité de vitesse vous permettront ce léger supplément à votre itinéraire, tout en vous laissant la possibilité de rallier le groupe... Vous m'avez compris?

—Oui, mon commandant...

—Départ dans un quart d'heure... A propos, votre bombardier V... est encore souffrant, je crois! Il ne pourra monter aujourd'hui. Qui avez-vous pour le rem-placer?

—Mon premier mécanicien.

—Bien... Bonne réussite, messieurs... Soyez pru-dents... et surtout ne vous éparpillez pas... restez groupés..."

Nous nous dirigeons vers nos appareils, et ce sont les habituels préparatifs.

Ça me fait un drôle d'effet de partir en expédition sans V... Atteint d'une forte grippe, il garde la chambre et je n'aurai pas, cette fois, le précieux réconfort de sa présence.

Installé dans la *carlingue*, je suis en train de boucler ma ceinture, quand j'entends sa voix dont le son m'est familier:

"Alors!... Tu me lâches?... On va sur les Boches sans moi?

—Tu es malade, mon pauvre vieux... Je t'ai fait remplacer...

—Ça, jamais!... J'ai eu vent du bombardement, et me voilà... tout habillé... prêt à partir...

—Ce n'est pas raisonnable!

—Ne m'as-tu pas juré qu'on se ferait casser la gu... ensemble?"

Devant cet argument péremptoire, je m'incline.

Il grimpe à bord, vérifie les armes, s'installe... Le moteur ronfle...

"Où va-t-on?

—Là... Sur J... mission spéciale... dépôt d'explosifs ... près de la mairie... à gauche de la grande place... Tu vois... sur J...

—Sur J...! s'écrie-t-il avec une expression spontanée d'angoisse.

—Oui... Ça t'étonne?

—Sur J...! Tu en es sûr?

—Naturellement... Et après?... Sur J..., X... ou Z... qu'est-ce que ça fiche?"

Je trouve V... singulièrement nerveux... Signal du départ... roulage... décollage...

... La montée habituelle, pour prendre la hauteur avant la traversée des lignes. Pas gaie aujourd'hui, cette montée!... D'ordinaire, mon bombardier se re-mue, s'agite, chante, me pince, et le temps passe plus vite!...

"Qu'as-tu, mon vieux!...

—Rien.

—Chante!... Mais chante donc!... Qu'on rigole un peu!... Mais qu'as-tu?"

Sa figure se détache extrêmement pâle dans l'ovale du passe-montagne.

"C'est la grippe!...

—Tu as eu tort de venir..."

... Nous sommes sur les lignes... La danse commence... éclatements... *crapouillages*... les lignes sont traversées...

"Attention aux aviatiks... Ce coin-là en est infesté!..."

V..., l'esprit ailleurs, me répond d'un imperceptible signe de tête... Décidément j'ai eu tort de l'emmener avec moi; il ne va pas bien du tout!...

"Bois un coup..."

Je lui tends le flacon de cordial des grandes occasions. Il le repousse brusquement.

... Le temps passe... Nos camarades que, suivant les indications reçues, j'ai précédés de quelques kilomètres, arrivent sur la gare régulatrice... Tout va bien; j'entame un large virage et, comme convenu, je mets droit le cap sur J...

"Prépare-toi..."

Je lui désigne le village, tache claire sur le gris noir des bois environnants...

"Tes percuteurs sont mis?

—Oui..."

Un effort violent crispe sa figure...

"Je tournerai une fois autour pour bien repérer, puis à mon signal, tu lâcheras le paquet!... Tu n'es pas en état de faire une bonne visée... je la ferai moi-même!...

—Oui..." murmure-t-il dans un souffle...

Voici l'objectif... une bourgade lorraine, avec ses

maisons basses, agenouillées au pied de son clocher. Malgré la canonnade intense que nous subissons, je suis en bonne position... Je lève la main... J'attends quelques secondes. Je n'entends pas jouer le déclic des lance-bombes.

"Qu'est-ce que tu attends?... Vas-y! Mais vas-y donc!...

—Je ne peux pas!

—Quoi?..."

V..., les mains crispées aux leviers, me fixe avec des yeux hagards, des yeux de bête traquée...

"Je ne peux pas!... bégaie-t-il."

Cette extraordinaire manifestation doit être due à son état fiévreux.

"Veux-tu... oui ou non?"

Et je vire à nouveau pour repasser sur l'objectif.

"Allez!... C'est le moment..."

Il ne bouge pas...

"Je ne peux pas... je ne peux pas... non!... pas moi!... pas moi!..."

Je me retourne avec rage et, lâchant *manche* et manettes, j'empoigne les leviers des lance-bombes; je les fais jouer, mais trop tard, car le but est manqué.

Enfin ça y est!... Ouf!... Il est temps, car l'appareil, privé de direction, commençait une cabriole heureusement arrêtée.

Nous rentrons silencieux. A peine atterris, je saute hors de la *carlingue* et me dirige vers la popote, pour me dépouiller de mes vêtements chauds, lorsque V... qui m'a suivi me dit:

"Excuse-moi, mon vieux...

—Ah! je t'en prie! Va te coucher... soigne-toi...
Nous nous expliquerons plus tard...

—Tu ne peux pas comprendre!

—Laisse-moi tranquille!... Pas un mot!... Grâce à
toi, nous passons pour des maladroits!... C'est idiot!...

—Écoute-moi!...

—Non... non... et non... J'aurais mieux fait de ne
pas t'emmener avec moi!..."

Exaspéré, avec la rancune de notre échec, je lui
jette:

"Si une autre fois tu as encore peur... il faudra faire
ton deuil de l'aviation!...

—Avoir peur!... Tu dis que j'ai eu peur!..."

Il a bondi sous l'outrage, et se rapprochant de moi:

"Sais-tu qui est dans ce village!... Dis, le sais-tu?
Eh bien!... Il y a maman... Tu entends, ma mère!
Est-ce que je pouvais tuer ma mère?...

—Ta mère!

—Oui... maman..."

Et brusquement, je me ressouvins. La mère de V...
était allée se reposer en juillet 1914 dans ce village
lorrain, où elle avait des parents. Surprise par l'invasion, elle n'avait pu revenir, et l'horrible fatalité de la
guerre voulait que son fils fût envoyé pour une œuvre
meurtrière, au cours de laquelle elle pouvait succomber,
frappée par lui!...

... Je ressens la torture de mon camarade; oh! les
tragiques minutes vécues avec moi, son pilote, qui, ne
comprenant rien, le brusquait, pour arriver à lui forcer
la main.

... Je vois cette mère française, prisonnière des Allemands, apercevant brusquement par une après-midi claire, les cocardes d'un avion tricolore se détacher en plein ciel, comme le drapeau de la patrie: Je la vois frémir d'orgueil maternel à l'idée que c'est son fils— l'instinct lui dit que c'est son petit—qui, narguant les canons boches, vient la saluer. Je vois dans ses yeux, ses pauvres yeux brûlés par les larmes amères de l'exil, monter les larmes douces de la joie et de la fierté!... Qu'importent les horreurs de l'invasion, les misères de l'occupation, l'angoisse du lendemain!... Qu'importe tout cela!... puisque son fils... son fils glorieux lui apparaît dans le couchant rouge et or comme le symbole vivant des revanches prochaines!... Puis... tout à coup l'explosion!...

Et je vois cette mère... cette femme qui ne comprend plus, et qui, folle maintenant, regarde s'écrouler son beau rêve dans le tumulte d'un bombardement!...

... Je suis entré ce soir dans la chambre de V... Tout habillé sur son étroit lit de camp, il dormait, le corps secoué de mouvements nerveux; une plainte sourde s'exhalait de ses lèvres séchées par la fièvre, et comme je m'approchai de lui, je l'entendis murmurer, douloureux et sauvage:

"Maman!... Il a tué maman!"

LE PIRATE

Depuis plusieurs jours, de G..., notre grand chef *po-potier*, le gérant magistral de cette chose infiniment délicate et complexe qu'est une popote, ne s'appartient plus; de fréquentes conférences avec le cuisinier le re-tiennent. Crayon et bloc-notes en mains, il aligne des chiffres, hoche la tête, et un pli soucieux barre son front; puis il commande un tracteur et se rue à une allure vertigineuse vers une direction inconnue...

De grands événements se préparent. V..., le sym-pathique V..., mon observateur fidèle, reçoit tout à l'heure la Croix de guerre avec palme et ce soir, dans l'intimité, "entre nous," nous nous proposons de fêter dignement le nouveau décoré.

C'est pourquoi de G..., grand organisateur de ces ré-jouissances, mène une existence si agitée. Il veut que ce soit très bien..., que rien ne cloche, et les moyens dont il dispose sont restreints...

... Quatre heures de l'après-midi... Sur le terrain, d'un côté les mécaniciens en *bleus* de travail, de l'autre le personnel naviguant... Un peu en avant, V..., seul.

Le capitaine arrive; un "Garde à vous!" discret; nous rectifions à peine la position... On est en famille!... et la voix douce de notre chef s'élève:

"Mes chers amis, je vous ai réunis pour vous faire part d'une bonne nouvelle... Voici la dépêche qu'on m'a transmise du Grand Quartier Général:

G.   2

"Citation à l'ordre du jour des armées. V... (Jean), observateur bombardier à l'escadrille n⁰... Depuis la formation des groupes de bombardements, n'a cessé de se signaler par son courage et son mépris le plus absolu du danger. A pris part à tous les grands raids. Le 20 décembre, quoique malade à la chambre, a tenu à accompagner son pilote dans une mission spéciale, faisant ainsi preuve de la plus grande abnégation et du plus patriotique dévouement."

"V..., au nom du Président de la République, et en vertu des pouvoirs qui nous sont conférés, nous vous décorons de la Croix de guerre."

Cette cérémonie, sans drapeau, sans musique, sans défilé, est infiniment poignante dans sa simplicité.

Après avoir agrafé sur sa poitrine la croix de bronze, le capitaine met sur ses joues deux bons gros baisers sonores; pour la première fois V... est ému; au léger tremblement de ses lèvres, à la crispation involontaire de ses mains, on sent que cet éternel gouailleur au sourire ironique, qui se plaît à afficher un scepticisme de bon ton, est touché profondément.

Je me remémore le courage tranquille dont ce délicieux garçon a fait preuve en maintes circonstances; je le revois sifflotant son "Ragtime" favori dans le *crapouillage* des obus, me réconfortant d'une bourrade amicale après un *coup dur*, conjurant le mauvais sort par un coq-à-l'âne, et saluant les balles d'une galipette!...

Et le capitaine ajoute:

"Cette distinction m'est particulièrement chère; avec la citation de V..., tout le personnel naviguant de l'escadrille se trouve maintenant décoré; la gloire qui en rejaillit sur moi, c'est vous qui me l'avez gagnée, et vous resterez toujours la plus belle escadrille que j'aie eu l'honneur de commander."

Après quoi, V... passe de mains en mains et finalement nous le portons en triomphe.

... La salle à manger est somptueusement décorée ; dans les angles, des branches liées par des rubans tricolores... Sur la table—un drap de paysans, raide, au grain dur—des fleurs de Nice... des fleurs frileuses (c'est l'une des surprises de G...) jaillissent des vases primitifs que sont des douilles de 75.

Nous sommes réunis ; au centre, le capitaine en tenue de gala, avec sa brochette de décorations ; en face de lui, V..., le héros de la soirée, inaugure—noblesse oblige—un uniforme "gris souris," qui laisse loin derrière lui les kakis des Tommies *high life* !

Pêle-mêle, au gré des sympathies, les "anciens," les survivants de treize mois de bombardements et de grands raids ; le lieutenant de M..., un des jolis noms de la vieille France, dont l'avion porte les couleurs de son écurie de courses ; le lieutenant H..., son père est le banquier aux faillites légendaires ; la Légion d'honneur du fils rachète un peu les... erreurs du papa ; P..., immense, jovial et bon garçon, le revuiste aux revues centenaires ; T..., médaillé du Salon, l'un des espoirs de la jeune peinture, qui traça les différentes phases de la vie de l'escadrille en fresques lumineuses qui ornent notre *home* ; de G..., déjà présenté, ingénieur, directeur d'une importante verrerie ; puis, les nouveaux, les jeunes pilotes ou observateurs, qui sont venus de l'arrière combler les vides, remplacer de Losques, descendu par un

aviatik ; Niox, prisonnier en revenant de Trèves ; Jac-
quillard, Levillain, Guilloteaux, victimes d'accidents
mortels au cours de vols d'essai ; le capitaine Féquant,
dont on connaît la mort glorieuse..., d'autres encore !...
Ils sont venus à nous, modestes et confiants, les gosses,
les "bleuets" de l'aviation, mais, tous cités, ce sont des
vieux maintenant ; ils fument la pipe anglaise bourrée
de tabac jaune, et leurs *leggings* sont culottés !...

Et l'on cause, on plaisante, on blague, raillant gentiment les travers de chacun...

"Dis donc, P... Après la guerre, tu nous inviteras à
ta première revue ?

—Ma première revue sera une opérette... son titre
est secret... *La Fille de l'Air*... Très aviation !... Qu'en
pensez-vous ?...

—Mes enfants, insinue de M..., je vais vous donner
un bon tuyau... Quand vous fréquenterez à nouveau le
turf, vous pourrez jouer les yeux fermés les produits
de Mandoline III et de Rataplan !...

—Tu fais de la réclame pour ta casaque !..."

On commente le dernier dessin de Forain, la férocité
du "Tigre," la baisse du mark, les scènes de la "dernière" de Rip ; jamais, sous peine d'amende, on ne fait
allusion au *métier*.

Le capitaine, ancien officier de spahis, nous conte des
histoires d'Afrique, chaudes, colorées et tendres ; nous
revivons les pages de Loti et de Myriam Harry em-
baumées de mimosa...

Dans le feu des conversations, sous l'impression
résolument optimiste que crée une table abondam-
ment servie, nous oublions la guerre, notre pré-

sence au front... Les dangers courus, le grand X de
l'avenir...

... La sonnerie du téléphone dans le bureau contigu
rompt brusquement le charme; silence... anxiété... le
secrétaire entre, affairé :

"On entend un bruit de moteurs du côté de la forêt
de Champenoux..."

Le capitaine donne quelques ordres.

"Sans doute une erreur des postes de signalisation...
avec la brume qui règne... les Boches doivent rester
pénards!..."

... La sonnerie retentit à nouveau; le capitaine se
précipite, nous le suivons...

"Allô!... Oui... capitaine commandant l'escadrille de
garde... Ah!... Bien... merci..."

Il raccroche froidement le récepteur et nous entraîne
vers notre salle de réunion.

"Messieurs, un zeppelin est signalé se dirigeant de
Moncel sur Nancy... Les Boches sont vraiment des
trouble-fête... Nous allons leur faire payer chèrement
le désagrément qu'ils nous causent, et levant une coupe :

"A votre santé, messieurs!... et à nos succès!... Je
bois aux Médailles militaires que vous allez essayer de
gagner cette nuit..."

Le champagne pétille, les verres tintent.

Dehors, il fait doux... presque lourd; à 1000 mètres,
la brume cache la moindre étoile...

Des phares sont allumés... des feux courent sur le
champ... des ombres s'agitent. V... et moi, nous grimpons hâtivement dans la *carlingue*.

"Tu y es? crie mon premier mécano.

—Quand tu voudras!"

Un tour de manivelle... le moteur crache... s'essouf-
fle... renifle... puis s'établit à un régime régulier...

Nous l'écoutons anxieusement; je suis ses pulsations
au compte-tours éclairé par une petite ampoule électrique.

Le moteur!... C'est lui qui décidera de notre sort
cette nuit; même le jour, la panne de moteur entraînant un atterrissage en campagne est toujours
une chose délicate; de nuit, c'est la mort.

"Il tourne *rond*..."

... Le capitaine, en tenue de vol, s'approche.

"Vous connaissez la direction du zeppelin? Je ne puis
vous en dire davantage... Liberté de manœuvre... Ne
le poursuivez pas en territoire ennemi... Soyez pru-
dents... Bonne chance!..."

Nous le saluons... Je pense à l'*Ave Cæsar*... Cette
chevauchée nocturne, le contraste du "tout à l'heure"
et de "l'à-présent" ne manquent pas d'une certaine
grandeur tragique, et la fusée de départ qui projette
vers le ciel sa brillante étoile nous fait penser à la nôtre,
à la bonne étoile qui nous protégera!...

"Enlève les cales!..."

... Plein moteur... Nous roulons sur la piste éclai-
rée... On décolle...

"Drôle de fête!...

—Plutôt!... Charmante soirée!..."

Au-dessus de Nancy; une grande cuvette noire (l'ennemi signalé, les précautions ont été prises); les projecteurs balaient le ciel, s'évertuant à trouer le *plafond*
de nuages qui le bouche.

... Nous montons rapidement suivant la direction indiquée... Onze cents mètres... Le zeppelin n'a pas été
repéré, car les projecteurs tournent inlassablement sans
se fixer sur aucun point. Je regarde une dernière fois
les feux de position du terrain d'atterrissage. J'aperçois
les avions de nos camarades qui prennent leur hauteur.

"On y va?

—En douce! Ah les cochons qui nous ont fait avaler du champagne comme du *pinard*!"

... Nous pénétrons dans le royaume des ombres...
Tension de tous les nerfs poussée à l'extrême... Les
yeux scrutent en vain la brume, cherchant la lueur,
l'indice qui décèlera le pirate; les oreilles recueillent,
angoissées, le son du moteur, battements du cœur de
notre oiseau...

Nous montons... Rien!... L'humidité nous pénètre...
Le froid nous gagne... Le vent, assez rapide jusqu'à
1000 mètres, est insignifiant plus haut, ce qui explique
la tentative de nos ennemis.

"Écoute!... Il y a quelque chose...

—Non... Rien...

—Réduis les gaz pour mieux entendre..."

Je ramène la manette en arrière avec quelque appré-
hension... Si le moteur allait ne pas reprendre, nous
plaquer...

900... 800 tours... En effet, V... a raison. Un bruit
de moteur s'entend très nettement, couvrant presque
le ralenti du nôtre!

Nous sommes près de *lui*, il n'y a aucun doute; V...,
fiévreusement, prépare sa mitrailleuse et ses fléchettes
incendiaires... Rien... toujours le noir... Cette chasse

à l'aveuglette est extrêmement prenante... Je louvoie,
cherchant la direction où le vrombissement s'ampli-
fiera... Nous sentons l'ennemi proche... Nous voudrions
nous colleter avec le monstre dans une lutte implacable,
et nous ne pouvons que tourner inlassablement dans la
nuit muette, tendus désespérément vers un but qui se
dérobe...

... Le bruit faiblit, s'éteint; le zeppelin a dû monter
ou descendre brusquement de plusieurs centaines de
mètres.

"Grimpons!..."

... Le froid... l'horrible froid nous griffe, nous mord,
nous tenaille...

"T'as de la veine d'être rasé! j'ai des glaçons plein
ma moustache!"

... Nos yeux pleurent...

"Dix-huit au-dessous, annonce V... flegmatique,
après avoir consulté le thermomètre...

—Ah!... la Riviera!..."

... Nous sortons des nuages... Toutes les étoiles scin-
tillent dans l'air pur des hautes sphères; le monstre est
toujours invisible... Les heures passent dans une ronde
décevante; chaque minute, le froid nous saisit davantage,
nous imprègne un peu plus; les mains et les pieds, dé-
mesurément lourds, douloureux à remuer, obéissent mal
aux sollicitations.

"Plus qu'une heure d'essence?

—Il faut rentrer...

—Il nous échappe!

—Les copains auront été plus heureux.

—On n'est pas veinard!..."

—Oui... Quelle *poisse*!..."

La couche de nuages est retraversée... Plus de projecteurs, mais les feux de position sont visibles... Une
rapide spirale nous mène au-dessus... et nous atterrissons sans difficulté...

"Enfin!... C'est vous!... Seul le capitaine n'est pas
encore rentré...

—Le zeppelin?

—P... seulement l'a aperçu quelques minutes... de
loin... Il regagnait la frontière... le brouillard, de plus
en plus épais, l'effrayait sans doute!"

Le capitaine ne rentre toujours pas!... Il est parti le
second, avec le caporal R... comme observateur.

Des groupes se forment... on parle bas...

"Il avait cinq heures d'essence... voilà bientôt six
heures qu'il a décollé," annonce le sergent mécanicien.

D'affreux pressentiments nous assaillent... Seigneur!
Seigneur!... Si votre volonté s'est accomplie, soyez
clément à leurs âmes légères; après avoir essayé tant
de fois d'escalader le Ciel, ils sont enfin montés jusqu'à
vous!...

Le lieutenant de M... qui, au téléphone, attend des
nouvelles, arrive...

"Notre capitaine n'est plus... Ils sont morts tous
deux... Ils ont capoté à l'atterrissage sur la forêt de
Haye."

Pas un mot... Nous nous regardons et les yeux in-
terrogent: "A qui le tour?" Après des débuts heureux,
notre escadrille a été durement éprouvée; la liste des
disparus s'allonge et de nouveaux feuillets viennent
grossir notre livre d'or dont de Losques peignit la cou-

verture et écrivit de son sang la première page! A qui
le tour maintenant? Quel est celui dont les heures sont
désormais comptées? Quel est le nom qui va s'ajouter
à ceux composant l'humble légion anonyme des aiglons
aux ailes mortes!... A qui le tour de faire pleurer des
yeux aimés et d'arracher des larmes, même à ceux de
ses ennemis!... A qui le tour?

... Nous sautons dans les autos qui nous emportent
vers la petite église où les corps de nos camarades reposent dans les plis d'un drapeau...

... Le soleil se lève, rose et blond... très pur, très
calme... heureux de vivre... comme un enfant!

LA BLESSURE

"Viens-tu essayer la nouvelle mitrailleuse?

—Si ça te chante!..."

... Dix heures... temps lourd... le soleil joue à cache-
cache dans les nuages...

"On prend le vieux *coucou*?

—Turellement... Je veux que le dernier modèle soit
toujours prêt pour les raids..."

Nous décollons... l'air est mauvais porteur aujour-
d'hui...

—Il y a des trous," constate distraitement V...; car
il est en admiration devant la mitrailleuse: légère, bien
proportionnée, avec sa crosse vernie et son canon d'acier

bruni c'est un vrai bijou, aussi ne cesse-t-il de la couver
d'un regard où il y a du respect amical et de la camaraderie déférente...

... Nous prenons notre hauteur au-dessus de Nancy,
puis nous nous dirigeons vers les carrières abandonnées
où sont installées les cibles.

"Tu vas *zieuter* ce carton!...

—Tu te vantes!

—Avec ce joujou-là... je parie *dégoter* n'importe quel
mitrailleur...

—Ainsi soit-il..."

... Nous descendons brusquement et V..., à chaque
passage devant les cibles, envoie une rafale...

... Tac... tac... tac... tac... tac... Ah! la jolie cadence!... Comme il serait agréable d'avoir devant soi
un avion ennemi à la place du modeste drap que mon
mitrailleur s'évertue à transformer en passoire.

"Assez tiré!... Ça colle!

—Rentrons en vitesse... On sautera en auto pour
aller voir les résultats...

—Tu en seras épaté toi-même, mon vieux... Elle
est *aux pommes* cette mitrailleuse!... Bien en mains!...
Une ligne de mire extraordinaire... Pas besoin de *collimateur*!"

... Nous piquons vers le plateau.

"Oh!... Une fusée!..."

... Du poste des signaleurs un jet blanc monte vers
le ciel, s'épanouit...

"Du Boche dans l'air!..."

... Nous virons, et V..., jumelles en mains, scrute
l'horizon.

"Comment veux-tu y voir avec ces nuages?

—*Il* est certainement en vue..."

... En effet, nous distinguons à leurs pièces, les servants de la batterie contre avions.

"Le voilà!...

—Il n'est pas loin!..."

... A 2 kilomètres environ, l'appareil ennemi sort d'un nuage et file directement sur Nancy.

Que faire!... Notre adversaire est un avion d'un modèle récent, un fokker; évidemment plus rapide et mieux armé que nous, qui sommes sortis uniquement en vue d'un essai. De plus, nous ne sommes pas de garde, la simple prudence devrait nous faire retourner à notre atterrissage.

Pourquoi, malgré moi, ne puis-je me résoudre à cette solution? Pourquoi V... suit-il anxieusement mes mouvements...

"Encore des balles?

—Oui... quatre bandes...

—Alors?...

—Il est à 1800 de haut... Au train où il marche, il sera sur Nancy dans cinq minutes, avant qu'un des appareils de chasse ait pu le rejoindre...

—Alors?...

—Alors, il ne sera pas dit que cet animal-là ne trouvera personne pour lui barrer la route...

—Zou!... *It's a long way to Tipperary*..."

... Et nous piquons dans sa direction dans les éclatements des premiers obus que nos 75 tirent sur lui...

Bien que nous soyons un adversaire peu inquiétant, le Boche ne nous dédaigne pas et, au lieu de pour-

suivre directement sur la ville, il nous fait face. Le soleil apparaît nous faisant l'honneur d'assister au spectacle.

"Ça va *barder*!

—Plutôt! Si tu ne le descends pas d'un peu loin...
Nous sommes cuits!...

—T'en fais pas pour le chapeau de la gosse!... Pousse
la voiture!..."

... Je fonce droit sur lui, mais il n'accepte pas le combat et vire de façon à nous prendre par derrière, si brusquement qu'il évite de justesse la première salve de
mitrailleuse que V... lui envoie.

"Zut!

—Ça va mal!

—Ça pourrait aller mieux..."

... Je le suis dans son virage, mais grâce à sa rapidité
et à sa maniabilité il arrive à se placer juste au-dessous
de nous et à 20 mètres...

"Il nous a!...

—C'est perdu!..."

... A travers la glace du plancher de la *carlingue*, je
le distingue nettement: le pilote cramponné à son volant: l'observateur, crispé à sa mitrailleuse dont le canon
est braqué vers nous, attendant le moment favorable.

Ce n'est pas long!...

Des éclats de bois sautent: un coup de fouet sur la
main droite... une vive cuisson... et de mon gant dé-
chiré un peu de sang coule...

"Touché!...

—Moi aussi!... La jambe ou la cheville... Je ne sais
pas!...

—Alors... les grands moyens!...”

Perdus pour perdus, je préfère risquer de nous tuer volontairement avec une chance de nous sauver que de nous laisser bêtement abattre comme une bête sans défense. Je cabre l'appareil à fond... L'avion boche emporté par sa rapidité nous dépasse, et dès que nous sommes en perte de vitesse, notre appareil glisse de 1000 mètres en quelques secondes.

“On se sauvera!...

—Chante pas encore!...”

... Les commandes répondent; nous nous redressons. Le Boche ne nous suit pas, d'autant plus que notre diversion a permis aux appareils de chasse de s'élancer vers lui, et prudemment il retourne vers ses lignes, après avoir lâché ses bombes au hasard, mais certainement en dehors de Nancy.

Ma main désormais engourdie refuse tout service, aussi l'atterrissage “de la main gauche” s'en ressent...

Nos camarades, le capitaine en tête, accourent.

“Blessés?

—Oui, mon capitaine!

—Vivement à l'infirmerie...”

... Avec des soins délicats, il nous aide à gagner la tente de la Croix-Rouge, surtout V..., qui a une *patte folle*, comme il dit...

... L'infirmerie... brancards... bocaux... éther et iodoforme. Le caporal S..., notre dévoué *toubib*, s'empresse...

“Eh bien? demande nerveusement le capitaine après le premier examen.

—Rien de grave... une main traversée... V... plus

sérieusement... mais le gras de la jambe... sans importance... Pas de bris d'os. Tout va bien!...

—Tant mieux... Ça va me permettre de vous eng...! Êtes-vous complètement fous!... Vous porter au-devant d'un ennemi alors que vous étiez en essai!... et sur un appareil de bombardement! Nos artilleurs ont été obligés d'arrêter leur tir de peur de vous descendre!... Oui..., vous êtes fous!... fous à lier!... C'est le cabanon qui vous guette!... Je ne vous l'envoie pas dire!... D'abord, vous n'étiez pas de garde... vous n'aviez pas le droit de vous exposer ainsi... Infraction aux ordres reçus... Vous aurez chacun huit jours d'arrêts de rigueur avec un motif soigné..."

... Nous sourions...

"Et puis après je vous ferai citer à l'ordre du jour de l'armée... avec un motif carabiné... ça, je vous le jure!"

... Nous pleurons...

LE MUR

"Non... non et non... Vous n'avez pas compris, n'est-ce pas? Pas plus de permissions pour vous que pour les autres... C'est le règlement... Il est formel...

—Mais cette permission, mon général...

—Oui... oui... je sais... Permission pour aller sur le Plateau... à votre escadrille... Connu!... Vous vous

imaginez que je coupe là dedans?... Savez-vous le petit
raisonnement que vous vous êtes fait?... Voilà cinq semaines que nous sommes à l'hôpital... Cinq semaines
que nous n'avons pu aller à Nancy... Allons trouver le
général... cette vieille culotte de peau...

—Oh!!!...

—J'ai dit... Et on lui *bourrera le crâne.* Seulement,
voilà... la vieille culotte de peau se rappelle sa jeunesse... elle n'est pas dupe; de plus, elle a charge de votre
santé. Par suite, vous ne sortirez que complètement
guéris... Là-dessus vous pouvez rompre, c'est l'heure
de ma contre-visite..."

Et clopin-clopinant, M. le médecin-inspecteur prin-
cipal en retraite S..., directeur de l'hôpital auxiliaire
n°..., s'éloigne en souriant, très heureux du bon tour
qu'il vient de nous jouer...

"Quelle déveine!...

—Il est intraitable!

—Moi je n'y tiens plus... Je ne puis plus rester dans
cet hôpital... J'étouffe!..."

Voilà bientôt un mois que, dans notre chambre ou
dans le jardin fleuri, nous menons l'existence calme qui
convient aux blessés.

Mais à présent que ma tête est légère et la jambe de
V... moins lourde, nous sommes assaillis par des idées
d'indépendance, de liberté! Il faut toute l'angélique
douceur de sœur Marie-Madeleine pour que nous ne
mettions à exécution les projets plutôt extravagants
qui naissent dans nos cervelles.

"Pourquoi nous retient-on, ma sœur? Nous sommes
guéris...

—Non, mes enfants... V... traîne toujours un peu sa
jambe; quant à vous, hier matin, vous avez eu encore
un étourdissement... D'ailleurs, ce n'est pas à moi de
vous donner votre *exeat*... mais au général... Demandez-
le-lui," ajoute-t-elle.

Et ses grands yeux violets pétillent de malice.

—Ah! le général!... Parlons-en du général!!... Il
vient de nous refuser catégoriquement une petite permission de rien du tout..."

Décidément, nous ne *l'encaissons* pas du tout le général; cependant, pour nous être agréables, il révolution-
nerait sa maison; il nous envoie des livres, des revues,
des illustrés, s'occupe de nos menus, accompagne notre
médecin traitant dans sa visite, bref s'ingénie à nous
faire plaisir; seulement, tout cela nous laisse froids; ce
que nous voulons c'est être libres, et, nous comparant
à des oiseaux en cage, nous nous appesantissons sur
notre sort avec une lourde mélancolie...

... Deux heures... rockings... cigarettes... cartes...
nous jouons des haricots, le général—il a toutes les
finesses—nous ayant fait délester de notre bourse; la
partie traîne...

"En arriver à ponter avec des haricots...

—Et des haricots rouges encore!...

—C'est à en pleurer..."

... Tout à coup, des cris joyeux... du bout de l'allée
des silhouettes amicales viennent à nous; celles de nos
camarades d'escadrille, qui descendent du Plateau, afin,
par leur présence, de nous faire endurer notre supplice.

... Effusions...

"Tu as engraissé!...

—Vous êtes comme des coqs en pâte!...

—Quoi de neuf là-haut?

—Pas grand'chose... Hier, C... s'est cassé la g... sur bi-moteur à l'atterrissage... Il a *redressé* trop tard et il est rentré dans le sol comme une brute!...

—Abîmé?

—Une jambe et la figure... le *zinc* complètement *rectifié*!... Quand revenez-vous? Dépêchez-vous... Dans les bois, il y a du muguet superbe!... Puis baissant la voix:

—La nuit prochaine, raid épatant en perspective. Nous allons une vingtaine sur la gare des Sablons."

V... et moi, nous échangeons un regard navré...

"C'est bien ça... Tandis que vous *boulonnez*... nous, on est là... au vert... comme des veaux!

—Faut pas s'en faire... La guerre n'est pas encore finie..."

... Poignées de mains... vœux de chance et de succès... Ils nous quittent... nous entendons s'éloigner l'auto qui les a amenés.

Ils sont partis!... Un grand silence que trouble seulement un bruit d'ailes dans le pêcher... V... gratte le sable du bout de sa canne, ce qui est chez lui l'indice d'une méditation profonde; il paraît hésiter à parler comme s'il ne voulait le faire qu'à bon escient; puis se décidant:

"Alors, ils font le bombardement sans nous?...

—Ça m'en a tout l'air!...

—Si l'on y allait aussi...

—Tu es fou!... C'est moi qui suis tombé sur la tête et c'est toi qui es resté *piqué*!

—Écoute; je ne blague plus... Ce soir on *fait* le mur..., on va au Plateau..., on se présente au capitaine..., on part bombarder... et l'on rentre à l'hôpital au petit jour... ni vu, ni connu... Ça colle?..."

... Si je réfléchis, si je discute, V... va se fâcher... "Ça colle!..."

Et nous parlons d'autre chose...

... Neuf heures... l'hôpital est endormi; nous nous levons sans bruit; rapide toilette dans l'obscurité; nous nous glissons furtivement dans les couloirs où, de loin en loin, les ampoules voilées font des halos bleuâtres...

Notre état d'âme tient de celui du collégien en fraude et de l'apache sur le sentier de guerre. Dehors, le clair de lune sent bon la nuit tiède et le chèvrefeuille; chaque ombre qui bouge paraît exhaler un parfum.

... Le mur... Plus ingambe, je passe le premier; à cheval sur le faîte je tends les mains à V... qui s'y cramponne... Oh! hisse!... oh! hisse... nous voilà tous les deux perchés... puis la descente de l'autre côté... Ça y est!...

"Zut!... fait V... en grimpant, j'ai laissé tomber ma canne...

—On la retrouvera demain matin..."

... Course à travers les faubourgs assoupis de Nancy; aux façades des maisons quelques lumières clignotent comme des yeux que le sommeil gagne... Les bois; les branches nous fouaillent...

"Arriverons-nous à temps?

—Oui... Les projecteurs ne sont pas encore allumés..."

... Le Plateau... notre escadrille... les appareils en

ligne… rassemblement; nous reconnaissons le capitaine
qui donne ses dernières instructions aux pilotes et observateurs.

"Alors… c'est bien entendu? départ en deux groupes;
le premier de cinq, le second de quatre, l'appareil de
N… et de V… étant indisponible…

—Il ne l'est pas ce soir…," et V… me pousse devant
le capitaine.

… Étonnement, brèves explications, puis avec une
amicale gronderie:

"Vous n'en faites jamais d'autres!… Quelle équipe!…
Je ne puis pas vous emmener… Voyez-vous qu'il vous
arrive quelque chose?… je serais dans de jolis draps!…

—Mon capitaine! implorons-nous.

—Ce que je puis faire, c'est de vous autoriser à monter tous les deux comme observateurs; de G… et P…
n'en ont pas, les leurs étant malades; les mécaniciens
étaient désignés à leur place… mais si ça peut vous
faire plaisir!…

Nous exultons.

Un quart d'heure plus tard, passager de P…, je filais
sur Metz-Sablons.

… Panorama féerique; la Moselle est une longue coulée d'argent, et en passant au-dessus des hauts fourneaux
de Pompey nous assistons à un prodigieux feu d'arti-
fice; devant nous, les projecteurs boches balaient non-
chalamment le ciel, mais nous devons être signalés, car
brusquement les pinceaux lumineux s'affolent, s'immobilisent une seconde, puis reprennent sur la palette
du ciel leur travail énervant…

"Alors, ça te va, ton nouveau métier?… me crie P…,

qui, une courte pipe à la bouche, paraît dormir à sa direction."

... Nous sommes repérés... un projecteur nous a saisis; aussitôt deux autres convergent sur nous leurs feux... Mauvais moment... Éblouis, nous essayons d'échapper par de brusques virages à l'étreinte de la lumière; mon pilote, flegmatique, n'a pas quitté sa pipe, et d'une main apparemment paresseuse fait accomplir au *coucou* une scabreuse mais nécessaire gymnastique.

J'ai placé mes mains devant ses yeux; son dos me protégeant des rayons aveuglants, je puis me servir de la boussole et lui indique la route à suivre par de légères pressions de mes coudes à ses épaules.

"Ça va fort!..."

... Quelques éclatements assez proches.

"Ma pipe est éteinte!...

—Vont-ils nous lâcher?..."

Il pique à fond pendant quelques centaines de mètres, puis cabre... Cette fois, nous sommes lâchés, et derrière nous les projecteurs qui nous ont perdus s'irritent...

Dessous, un noir d'encre, mais les signaux des chemins de fer sont pour nous des jalons précieux, et le plan de la gare de triage que nous devons bombarder se détache aussi nettement qu'en plein jour.

... Un long virage pour se placer au centre du but, l'appareil face au vent..., déclics... les bombes descendent...

... Trois quarts d'heure plus tard, nous atterrissons sans encombre... V... et son pilote, déjà de retour, nous attendent...

"Ça a marché?

—Pas mal... un peu *crapouillés*... Et vous?

—Ils ne nous ont pas vus... Les avions heureux n'ont pas d'histoire..."

Nos camarades reviennent les uns après les autres... Le ciel pâlit; un vent léger éveille les choses...

"Rentrez vite à votre hôpital, nous dit le capitaine en nous serrant la main, et pas un mot sur cette escapade..."

... Nous descendons le sentier rocailleux; des pierres roulent. A l'horizon, un nuage triangulaire, rose frangé d'or, figure une immense oriflamme victorieuse..., la ville ressuscitée sort de l'ombre... des cloches sonnent timidement dans l'air vide de bruit... le jour se lève...

... Le mur est devant nous; nous l'escaladons allègrement, comme des habitués... Une surprise nous attend; de l'autre côté, juste à l'endroit où nous mettrons pied à terre, le général, assis sur un pliant, nous attend:

"Vous voilà, mes gaillards!... Non... non... je vous en prie... ne restez pas assis sur le haut d'un mur... c'est très malsain; prenez donc la peine de descendre..."

Nous nous exécutons de bonne grâce, mais nous sommes plutôt penauds; néanmoins, nous plastronnons...

"Permettez-nous de vous féliciter, mon général, pour votre flair qui vous a fait nous découvrir ainsi... car, enfin, nous n'aurions jamais cru...

—Que je serais là pour vous recevoir... Ne voyez là dedans aucun machiavélisme. Chaque matin, à la rosée, je fais une petite promenade antirhumatismale... Tout à l'heure je trouve ici une canne que je reconnais pour la vôtre, monsieur V...; sur le mur, des traces fraîches

d'escalade. Pas de doute, mes oiseaux s'étaient envo-
lés... Alors, j'ai attendu...

—Et voilà... conclut V... goguenard...

—Oui... et voilà... Seulement, vous ne vous imaginez pas que ça va se passer ainsi... sans punition...
sans une sanction exemplaire... Ah! mes gaillards! vous
faites le mur, comme de mauvais soldats... Et pourquoi?... Pour courir après quelque cotillon, naturellement... C'est du propre! D'abord, d'où venez-vous?

—...

—Vous refusez de répondre?

—...

—Pour la dernière fois, voulez-vous me dire d'où
vous venez?

—Vous y tenez absolument, mon général?

—Je vous l'ordonne... D'où venez-vous?

—De Metz..."

AU COUVENT

"Ah! les rosses!... Qu'est-ce qu'ils nous mettent!...

—Et le fokker... Tu le vois toujours?

—Non... Il a dû nous *plaquer*..."

... Broum!... L'appareil reçoit une formidable gifle
sous une aile, et nous passons dans la fumée soufrée
d'un éclatement magistral.

"On ne les traversera donc jamais ces lignes!...

—Un petit effort, mon vieux!... Un petit effort!...
Ils ne nous auront pas!... Pas pour cette fois!..."

... Nous avons quitté notre hangar vers minuit, pour
bombarder la gare de Metz-Sablons.

Nous avions déjà fait plusieurs fois le voyage, aussi
ce n'était pour nous qu'une promenade d'agrément. Au
retour, la brume nous a pris; sous le vent, nous avons
dérivé au hasard; enfin, au petit jour, nous avons aperçu
les lignes, ce qui fut pour nous une grande joie, et un
fokker qui s'élevait, ce qui fut beaucoup moins folichon.

Les batteries spéciales nous *soignent* au passage.

Cramponné au *manche*, je fais pirouetter notre biplan
du mieux que je peux, afin de dérouter leurs artilleurs;
V..., carte en mains, cherche à établir le point.

... Un chapelet de flocons blancs qui s'égrène et que
nous laissons loin derrière nous...

"Et voilà!...

—En douce..."

... Les lignes sont passées.

"Où est-on?

—Ça, mon vieux!... Moi pas savoir...

—Pas la peine d'être observateur!

—Si tu te mets à ronchonner, ça sera gai!...

—C'est pour blaguer, idiot!...

—Tout à l'heure, tu ne blaguais pas...

—Tout à l'heure, ça ne *gazait* pas!... Combien d'essence?

—Une demi-heure environ...

—On va essayer de se repérer."

... Une fumée pâle monte de la terre, plus dense des

rivières et des bois... Ciel gris tourterelle avec des taches plus foncées qui sont les nuages... l'aube!

"M'est avis que c'est la Champagne.

—Pourquoi?

—Vent Sud-Ouest... Sud-Sud-Ouest plus exactement. Ces coteaux avec des carrés sombres, des vignes certainement...

—Et où places-tu Reims dans tes divagations?...

—A notre droite... légèrement en retrait... mais invisible encore...

—Attendons le soleil...

—Facile à dire... Plus beaucoup de *coco* dans le réservoir.

—La voilà bien la crise de l'essence!...

—Tout le monde en bas..."

... Descente... nous rencontrons quelques nuages au passage...

"V'là qu'on prend de la *flotte* dans la figure!...

—Monsieur n'aime pas ça!... Monsieur est difficile!..."

... 1000 mètres... le paysage se précise: ce sont bien des vignobles...

"Voilà notre affaire!... la belle affaire!... le fin filon!!!... crie V... en s'efforçant de me montrer quelque chose dans la direction de son index tendu avec véhémence.

—Je ne vois pas!...

—Un joli château, mon gros... un joli petit château!"

A travers la glace de la *carlingue*, je l'aperçois; mon compagnon a du flair et du goût; il est très bien ce château, vu en plan, très attirant, si attirant qu'instinctivement je ramène la manette des gaz et pousse sur le *manche.*

"Soigne ta descente... quelques spirales bien tournées... on doit nous regarder... Juste en avant de la cour d'honneur... la pelouse...

—Vu."

... L'appareil se pose comme un papillon.

Je le félicite de son choix. Au cours de nos atterrissages en campagne, nous n'avons jamais trouvé un château d'aspect aussi engageant.

A travers la grille monumentale, la cour d'honneur nous apparaît avec ses boulingrins et son jardin à la française... un jet d'eau sanglote dans une vasque de porphyre.

"Certainement la demeure d'un important marchand de champagne."

Dans nos imaginations, le vin pétille... les bouchons sautent...

... Rien ne bouge... Le château n'a pas l'air abandonné, mais endormi...

—C'est le château de la Belle au Bois dormant!...

—Le moteur ne l'a pas réveillée!...

—Attendons un peu... Ce n'est guère l'heure de se présenter chez les gens..."

... Le soleil effeuille des roses sur les toits bleus... une cloche s'éveille. Les vers de Rodenbach chantent en nous...

> ... Dans la blancheur matutinale
> Tinte le carillon, tinte dans la douceur
> De l'aube qui regarde avec des yeux de sœur.

"Voilà un indigène..."

Un vieux jardinier ouvre le portail qui se plaint sur
ses gonds; nous entrons... Il nous salue et nous le suivons.

"Ce n'est pas la peine de réveiller tes patrons, s'ils
sont au *pieu*..."

Le vieux ne répond pas, gravit l'escalier, ouvre une
porte, s'arrête sur le seuil, et d'une voix très polie:

"Madame la Supérieure va vous recevoir..."

... Nous avons un haut-le-corps; le château est un
couvent!!!... Nous nous regardons et éclatons de rire!...

"Entrez, mes enfants..."

Madame la Supérieure nous accueille d'un geste qui
invite et qui bénit. Nous ne pouvons résister à lui con-
fier notre méprise; elle s'en divertit. Nous apprenons
qu'avant la guerre c'était bien un château, glorieux par
son passé et aussi par ses fêtes, ses chasses... Depuis,
ses propriétaires l'ont abandonné aux Sœurs pour hos-
pitaliser des orphelins des provinces envahies.

"C'est presque un couvent... mais pour vous, mes
enfants, ce sera un château et votre asile pour le temps
qu'il vous plaira."

Comme nous nous confondons en excuses et en re-
merciements.

"N'est-ce pas tout naturel? Ne descendez-vous pas
du ciel?..."

Nous l'invitons à rendre visite à notre oiseau, puisqu'il ne peut venir jusqu'à elle; elle y consent volon-
tiers.

"Ce sera une vraie joie pour mes compagnes et une
grande distraction pour nos petits."

Juché dans la *carlingue*, V... déploie ses talents ora-

toires. Les sœurs et les enfants boivent ses paroles et
le considèrent avec de grands yeux amusés.

Cet auditoire si imprévu lui plaît, aussi se lance-t-il
dans une conférence sur l'aviation, très réussie, et si
quelques mots de l'argot du métier se glissent dans ses
phrases ronflantes, il les traduit aussitôt avec une bonne
grâce touchante; enfin nous portons l'enthousiasme à
son comble, en signant des cartes postales pour les
gosses.

... Sous les tilleuls, une table à deux est servie. Une
bonne grosse sœur remplit nos assiettes d'autorité; elle
brandit fourchette et cuiller comme des armes de
guerre; il n'y a pas à lui résister. Derrière les fenêtres,
il y a des yeux embusqués, qui épient nos moindres
gestes.

"Quelle riche idée j'ai eue!...

—Les aviateurs au couvent!...

—Que dis-tu de ces œufs au lait à l'angélique?...

—Et le poulet à l'estragon?... On ne sentait pas les
os!... Ça fondait, mon cher..."

... Au café, accompagné d'une de ces liqueurs mona-
cales, d'or liquide, nous songeons qu'il est temps de
prévenir l'escadrille.

Le bureau de poste est à deux kilomètres; la Supérieure s'oppose à ce que nous fassions le chemin à pied,
et c'est dans la charrette du couvent, au trot nerveux
d'un âne bien nourri, mené d'une trique sûre par sœur
Aurélie, que nous faisons dans le village de X... une
entrée très remarquée et qui datera.

Téléphone; le capitaine est au bout du fil:

"Pas de bobo?...

—Non, mon capitaine... mission accomplie... cinq éclats d'obus dans les plans... deux dans le *stabilo*...

—Bravo...

—Atterrissage en campagne par manque d'essence...

—Ne me montez pas le cou!... Vous avez trouvé sur votre route une bonne maison et vous en avez profité... Soyez francs!... C'est ce qu'on appelle la 'panne-château'?...

—Oh! non... mon capitaine!...

—Alors, où êtes-vous?

—Au couvent."

Gaston Riou

PRISONNIER

(2 *septembre* 1914)

Me voici donc prisonnier.

Quel voyage! J'en ai l'âme et la gorge amères. Il me prend des nausées d'y penser. A travers la Prusse rhénane, le Palatinat, le Grand-Duché de Bade, le Wurtemberg, la Bavière, durant trois jours et trois nuits, à toutes les gares, et jusque dans les campagnes, des groupes de paysans, des masses sombres de citadins qui hurlent, qui poussent de longues huées, qui trépignent, qui nous menacent du poing, qui détaillent le geste de nous couper le cou, de nous arracher les yeux. Du fond des bourgs, perdus dans les plaines torrides, des bandes d'enfants accourent, brandissant des drapeaux. Ils se rangent le long de la voie. Et quand le train arrive, lent comme un convoi funèbre, ils mendient des képis; ils s'égosillent à crier dans leur langue: "Paris *kaput*! A mort! A mort, les Français!" La vue du brassard de la Croix-Rouge les jette dans une sorte de fureur épileptique. "A mort! A mort, les ambulanciers! Les voilà ceux qui achèvent nos blessés!" La clameur devient stridente, effroyable, folle. Parfois ils se ruent à l'assaut du train et se heurtent aux baïonnettes allemandes, en faction dans chaque compartiment, qui grognent des menaces.

Les femmes sont plus horribles que les hommes. L'œil meurtrier, la main crispée, qui laboure et déchire comme dans un rêve de tigresse, les naseaux larges et reniflants, les lèvres vineuses, grimaçantes de haine, je n'avais vu nulle part ces figures de damnation, ces groins de Méduses. Qui m'eût dit que des femmes pussent être aussi atroces!... Aux arrêts, d'opulentes matrones s'affairent le long du convoi. Elles tendent aux gardes des cruches de bière, des cigares, des cigarettes, des tartines de confiture, des saucisses fumantes. Malades de fatigue et de faim, nous assistons à ces largesses. "Surtout, ne donnez rien à ces Français! Qu'ils crèvent!" On nous offre de l'eau.

Et partout, sur les gares, sur les clochers, sur les fabriques, sur les tavernes, flottent d'immenses oriflammes. Les carillons répondent aux carillons d'une rive à l'autre. Les gros bourdons des cathédrales éclaboussent de sons les collines. Toute l'Allemagne est en fête, ivre de sang, titubante de victoire.

FIÈVRE ET CAFARD
(16 *septembre* 1914)

La casemate est déserte. Les camarades sont montés
au rassemblement de neuf heures. Je continue à être
"malade à la chambre." Je suis heureux d'être seul.
Il fait froid. J'écoute le vent aigre. Je me serre dans
ma couverture. Je suis seul; je suis libre. Il me semble
que le flot de la vie m'a déposé au bout du monde,
parmi d'insondables déserts muets.

Ma paille, après cette quinzaine de couchage, est
pulvérisée. Je m'y roule comme dans un poussier à
poules. Que ma couverture est légère! Mes jambes
frissonnent de fièvre. Hier je me suis traîné un quart
d'heure dans la cour Est. Je n'ai pu atteindre le premier
glacis. En redescendant l'escalier, les jarrets me pesaient
plus lourds que des grenades de siège. J'ai froid. Derrière les deux fenêtres blindées, un peu de ciel gris,
épais, s'écrase sur le talus, sur la herse au sommet du
talus, sur le buisson d'églantier qui rompt la ligne droite
de la herse. Le long de la pente abrupte, l'herbe haute
se couche sous les rafales.

Je suis seul. Que c'est bon! quelle richesse! quelle
faveur! Ici l'on n'est jamais seul.

L'on dort, l'on s'habille, l'on mange, l'on joue, l'on
se promène, l'on regarde si l'on n'a pas de poux sous
le poil, l'on fait ses besoins, l'on rêve, l'on s'indigne,
l'on s'attendrit, l'on caresse les chères reliques qu'on

a cachées dans son sac, l'on s'isole en soi-même—tout cela, de compagnie.

Que je comprends le mot de saint Bernard, ce mot de conventuel : *O beata solitudo, sola beatitudo!* Parfois, le matin, au réveil—ce réveil sans noblesse, plein de jurons, où les mêmes voix glapissent les mêmes platitudes, dans la même sempiternelle buée d'ennui stérile— il me prend une nausée! Quand finira donc cette vie en troupeau! Il me semble que j'ai du relent de foule, du suint de bétail humain, dans tous les interstices de l'âme...

Non, inutile!... L'effort pour me refaire tel que j'étais avant la prison excède mes pauvres nerfs. Je grelotte. Il faudrait manger trois ou quatre fois plus qu'on ne nous donne pour résister à cette langueur. Hélas!... la misérable demi-boule des premiers jours est devenue un tiers de boule ; l'autorité allemande resserre méthodiquement la ration. Les soldats les plus inertes— lourdes bêtes ou bonnes brutes—ceux qui, ne pensant à rien, ne dépensent rien, résistent à peine. Pauvres mamans, si vous pouviez voir en ce moment vos fils, vos beaux gars, si tendrement choyés! Dans les talus et les fossés du fort, mornes, lents, les traits tirés, la peau jaune et sale, presque toujours accroupis, l'on dirait des ombres de Purgatoire. Est-ce bien là, la jeunesse de France?

———

J'AI UNE TABLE

(23 *septembre* 1914)

Je travaille maintenant au chaud et au sec, étant
entré hier, comme ministre honoraire et sans porte-
feuille, dans ce qu'ils appellent "le contrôle français"
du fort.

Vains honneurs? direz-vous. Non; car ainsi, j'ai une
table! Avoir une table et du temps à soi, de longues
heures bien à soi pour observer et réfléchir! Pour moi,
je préfère du temps disponible à de l'argent. *Time is
money* disent les Anglais. Je dirais plutôt: *Money is
time.* Pour ce qui me concerne, tout le labeur de vivre
n'a de sens que de procurer du loisir. L'homme en nous
se forme dans le loisir. Le travail produit de l'argent,
l'argent du loisir, le loisir du travail encore, mais un
travail noble, supérieur, désintéressé, le vrai travail
humain. Oui, je crois fermement que le vrai travail est
l'œuvre du loisir. Dieu merci, j'ai maintenant un peu
de loisir et de solitude.

Cette solitude, d'ailleurs bien précaire, c'est une
cuisine. Ne riez pas, mon amie.

Cette vaste pièce comprend, du côté de la porte, la
région des fourneaux, région encombrée, ferrailleuse et
fumeuse, soumise au "chef" Bouquet, un frêle et doux
enfant du Quercy. Mais, une fois franchie cette zone
plutonique, l'on se trouve dans un quadrilatère spacieux,
que les "cuistots" appellent couramment le "salon."

Deux larges baies ouvrant sur le midi l'inondent de
lumière. La propreté y est suffisante. On lave le béton
du parterre à grande eau après la corvée des légumes,
les trois distributions de repas, et, en général, après
tous les instants d'affluence. C'est dans ce fond de
cuisine qu'entre les deux fenêtres s'érige une table, une
petite table en bois blanc, *la table*. M. Prudhomme
dirait: "Cette table, c'est le cœur du fort Orff!" Là,
en effet, sur trois tabourets de sapin, siège, presque en
permanence, notre conseil des ministres. Là se projettent les réformes. Là s'élaborent les détails d'orga-
nisation. Là aboutissent et se règlent tous les incidents
intérieurs de la colonie.

Cette table, exactement le côté gauche de cette table,
est désormais mon lieu. La bouche profonde de l'évier
s'ouvre derrière mon escabeau, au ras du sol. Mon bras
gauche, quand je travaille, bute à l'accoudoir de la
fenêtre où je dispose ma pipe, ma gamelle, mes papiers
et votre portrait. Tel est mon royaume. J'y lis; j'y
écris; j'y rêve; j'y assiste trois fois par jour, à l'heure
des repas, au défilé de mes frères de captivité. J'y
écoute; j'y observe.

Malgré le bavardage et le piétinement des corvées
et la fumée du charbon, j'aime ce coin près des fourneaux. Je suis devenu frileux comme une chatte à ce
régime de privations. Au reste, où pourrais-je travailler
ailleurs?

Ma vie se partage donc désormais entre mon "Fontainebleau des talus," mon tabouret à la cuisine 22 et
la casemate 17. Car je dors toujours sur mon ancien
paillis. Il n'est plus maintenant qu'une couche dérisoire

de poussière; je m'y trouve mieux pourtant que le
premier soir. Dieu merci, mon dos s'est rembourré de
cal; mon nez s'est endurci; mon tympan lui-même,
au milieu de la nuit, s'agace moins fort que naguère
de la crécelle et du glouglou des ronfleurs. Au début,
souffrant d'insomnie, je passais des heures à m'écœurer
de ce gargouillis de grenouillère. J'eusse voulu fuir.
J'appelais le sommeil de toutes mes forces. Rira de
moi qui voudra: je sens fléchir ma foi dans l'âme
humaine devant un homme endormi, béant de la bouche,
et soufflant comme un gros porc. L'effroyable puanteur
qui montait avec la bise humide des cadavres et des
charognes couchés à Moncourt, à Lagarde et à Kerprich,
m'a révélé moins fortement l'animal humain que le
rythme lent, incertain, que le bruit fade et ignoble d'un
ronflement. Mais l'on se fait à tout. Je me suis habitué
aux rots et aux bruits vaniteux d'Alelle et de Taon.
Je sens à peine l'infecte odeur d'égoût qui errait dans
les couloirs de notre termitière et m'avait presque fait
défaillir, le soir de notre arrivée. L'homme est si avide
de bonheur qu'il s'immunise au plus vite contre le venin
de ses peines quotidiennes. Le fait est que, chaque jour,
je sens moins vivement ma misère. Je pense souvent
à ce merveilleux caractère de notre nature, la nuit, sur
mon poussier. Et vers les onze heures, je trouve une
sorte de douceur mélancolique à m'endormir, entre les
songes d'amour du sergent Bertrand, et la cigarette,
fidèlement luisante dans les ténèbres, de mon terrible
et cher Guido, dévoré de pessimisme et d'insomnies.

UN AUTRE DÉJEUNER

(5 *octobre* 1914)

Cet animal de Marie, la pipe au bec, gluant, graisseux, mâchuré, guilleret comme un fox-terrier en goguettes, fourrage dans ses fourneaux. J'étais encore dans mes songes qu'il avait déjà secoué sur leur paillis, Lambert, l'homme de tous les dévouements, mon bon petit Lambert, et une espèce de vieil affamé du 6ᵉ corps, charbonnier de son état dans la forêt de l'Argonne, qui vous détaillerait un chêne pour le seul paiement d'un morceau de couenne rance. Il n'y avait pas un brin de bois aux cuisines, hier soir. Dutrex avait fait là-dessus des remontrances aux "cuistots." Mais Marie, le plus rusé des Normands de Normandie, s'est levé à la lune. Où est-il allé? Comment, ignorant tout de l'allemand, sauf *nichts* et *ja*, a-t-il pu circonvenir la garde? Toujours est-il qu'en ce moment, hache en main, Lambert et l'affamé s'acharnent avec fracas sur de gros piquets de sapin. Je m'étonne… Ces piquets ressemblent terriblement aux supporte-bancs des fossés extérieurs. Ce Marie!

"Canaille! lui crie quelquefois Dutrex.

—Je m'en fous, répond gaillardement Marie, il n'y a que ceux-là qui vivent!"

Et le fait est qu'il vit. Toujours en mouvement, rendant des services à un tas de gens, troquant contre du chocolat les cigares qu'on lui donne, revendant ce

chocolat au détail, achetant là-dessus des paquets de
tabac, des cigarettes, qu'il bazarde à petits sous dans
le couloir sombre à la porte des cuisines,—il retournera
dans sa vallée d'Auge avec un pécule.

Je crois d'ailleurs qu'il l'écornera un peu en route.
"Ah! mes gars, s'exclame-t-il souvent. 'Mézidon!
cinquante minutes d'arrêt!' Je descends; je tombe la
première bouteille de calvados que j'avise. Puis:
'Lisieux! cinquante minutes d'arrêt!' Ah! mes gars,
ça sera fameux de se placer dans l'estomac un peu de
bonne matière normande, après l'eau de grenouille du
fort Orff! On arrivera content chez la bourgeoise!"

Ce Marie fait ma joie. Nos philosophies sont assez
différentes. "Il n'y a pas de pitié, dit-il, pour les canards
boiteux!" Mais il a le coup d'œil si sûr, il est si endiablé,
il porte si franc, il se résume avec une telle verdeur de
termes, qu'il me désarme.

Tandis que Lambert et l'affamé (il s'appelle Des-
chênes et a fait deux fois campagne au Maroc) débi-
tent pour les fourneaux la razzia de Marie, je vide ma
seconde musette sur la table. Je me lave, je me rase.
Marie me verse un quart de café fumant. *Ja, ja!* fait-il
en y plongeant un morceau de sucre, et il sourit, de
son sourire malin, plein de sous-entendus joyeux. *Ja,*
cela exprime, pour lui, tout ce qui est bon; *nichts,* tout
ce qui est mauvais. Puis il regagne la région plutonique.

Alors, dans la bienheureuse solitude du "salon," à
la vague lueur fumeuse de la lampe lointaine et du
petit jour, je tire de la musette aux papiers le paquet
auquel je crois bien que j'ai rêvé toute la nuit.

Vous allez me trouver bien matérialiste, mon amie.
Songez, toutefois, en me lisant, que je me porte extrêmement bien, que je travaille à mon ordinaire, et
que mon appétit, qui vous est bien connu, doit se satis-
faire ici, tout un jour, de nourritures qui lui suffiraient
à peine, à Paris, un tiers de journée.

C'est Fritz Magen, le *Gefreiter*, ou, si vous voulez,
le premier soldat de notre garde bavaroise, qui, hier
soir, m'a remis ce paquet. Je n'étais nullement préparé
à une pareille fortune. Aussi triste, aussi gai que le
premier venu des prisonniers, j'attendais au pied du
couchage, ainsi que tous les camarades de la 17, l'irruption brusque, dans la casemate, de la ronde d'appel.

Il est huit heures et demie. Tout à coup la porte
s'ouvre. "L'appel!" crie Dutrex, entrant en coup de
vent. Le *Feldwebel* et un porte-falot le suivent. Dutrex
nous compte rapidement. "*Zwei und zwanzig!*" an-
nonce-t-il au *Feldwebel*. "Vingt-deux!" Il me serre
la main: "*Gute Nacht, mein Freund; schlafe wohl.*"
La ronde se retire.

Mais l'arrière-garde, Magen, sur le point de fermer
la porte, dépose à terre son falot, tire de ses basanes
une ample boîte, me la met dans les mains d'un air
presque timide. "*Da!* m'explique-t-il en allemand; ma
femme m'a envoyé ce matin un paquet de provisions.—
Oh! merci, merci!" Mais il repart précipitamment avec
son falot, rejoindre, à la 18, le *Feldwebel.*

Très ému d'une marque d'amitié aussi imprévue, je
me tourne vers Guido. Nous dénombrons le contenu
de la boîte. Cinq pommes, deux noix, un morceau de
galette fleurant bon la poêle de la *gnädige Frau Magen*,

et une demi-tarte aux myrtilles! Quel bonheur! Monsieur Magen, tout Bavarois que vous soyez, vous êtes un frère, *ein Bruder*, un vrai camarade! Je vous aime! Je donne à Guido sa part. Je serre la mienne dans la musette aux papiers. En m'endormant, je songe que demain, au lieu de l'abominable café clair au pain de seigle et d'orge, j'aurai un succulent déjeuner aux fruits. Cette pensée me transporte aussitôt à Dully, à Fontainebleau, à Lablachère. Mais qu'est-ce qui ne m'y transporte pas! O visions de regret et d'espoir!

C'est ainsi qu'aujourd'hui, à la petite aube, tout en arpentant lentement le "salon" solitaire, j'ai fait mon premier bon déjeuner de captivité.

LA PREMIÈRE LETTRE

(8 *octobre* 1914)

Hier le bruit courait,—venu, disait-on, du corps de garde—que nous allions pouvoir écrire à nos familles. A deux ou trois reprises, un bruit semblable avait déjà ému le fort. Il s'était trouvé mensonger. Les broyeurs de noir, et tous les disciples d'Héraclite et du Portique,— Guido en tête—avaient donc beau jeu, dans les casemates, de se moquer des camarades qui commentaient, tout jubilants, la nouvelle.

Me promenant sur les glacis, à trois heures, j'avais

rencontré le sergent Feutrier, flanqué du caporal Heuyer.

"Riou, me dit-il, c'est le premier beau jour de notre captivité !

—Mais, mon ami, lui fais-je, singeant sans conviction le pessimisme de Guido, il pleut." En effet, il bruinait tristement ; le gazon détrempé flaquait sous nos pas. Et Heuyer de me répondre :

"Non, ne blaguez pas Feutrier aujourd'hui ; il est trop heureux."

Le soir même, travaillant selon ma coutume à mon bout de table, on m'assassinait déjà de demandes : "Riou, pourriez-vous me prêter votre encre et votre plume ?"—"Ne disposeriez-vous pas d'une feuille de papier ou deux ?" C'était un véritable défilé. La seule pensée—non, certes, l'assurance !—de correspondre enfin avec là-bas, les transfigurait. Le foyer, le foyer, le doux foyer !... Les êtres aimés, les objets familiers, la terre natale, la patrie ! Il montait de cet univers secret, enseveli d'ordinaire dans le tréfonds de chacun, mais brusquement dévoilé par l'espoir, un violent encens qui les grisait tous. Que sera donc le départ, si la probabilité encore hasardeuse d'écrire soulève ce vent d'allégresse !

Les "cuistots" eux-mêmes, plus exercés que d'autres à l'esprit critique, avaient perdu la juste notion des choses. Ils manœuvraient leurs ustensiles avec une joie terrible. Puis le tumulte tombait. Une harmonie douce planait sur les fourneaux. Les "cuistots" se taisaient, immobiles.

O souvenirs ! Images chères où s'enferme et s'épuise

notre goût d'être! Images chères, qui, la nuit, dans le morne accablement des bivouacs, nous font pleurer des larmes silencieuses! Images chères qui, dans le danger de mort, viennent soudain à nous et se tiennent là, bénissantes, seules présences au milieu du vaste vide, anges mêmes de Dieu!...

Mais tout à coup, la région plutonique éclatait de chansons :

> O moun païs ! O moun païs !
> O Toulouso ! O Toulouso !...

clamait Pailloux de sa voix d'enfant. Et notre Bouquet, fils de Cahors, le cœur plein de sa fiancée, entonnait en basse tendre :

> Vieillo villo de Cau, tan vieillo et tan fumado !...

Les "cuistots," comme tout le monde, étaient ensorcelés de pensées de France. Ils en oubliaient les plus graves consignes. L'on entrait ici, en ce lieu profond et redoutable, comme au moulin.

Le soir, l'appel terminé, comme la ronde se retirait avec le *Feldwebel* et notre nouveau sergent bavarois— qui est à peine guéri d'une blessure au pied reçue à Lunéville—Dutrex m'a regardé en clignant des yeux et m'a jeté ce seul mot: *oui.* Je me suis endormi avec la certitude que la nouvelle était vraie.

Aujourd'hui, chacun a passé sa matinée à écrire *sa* lettre, l'unique lettre à laquelle nous ayons droit. Mais déception! l'on n'admet à la poste de la *Kommandantur* qu'une compagnie par jour. Et nous formons cinq compagnies! Rien qu'une lettre chaque cinq jours[1]...

---

[1] Quelques jours après, le règlement fixait quatre cartes par mois et deux lettres.

Mais enfin elle est crevée cette lugubre barrière de silence, qui, depuis un mois et demi, nous sépare du monde!

L'on nous a, il est vrai, ordonné de ne point parler de la guerre et d'exiger le même silence de nos correspondants. Ce *Verboten* ne nous a guère inquiétés ce matin. Est-il venu à la pensée de quelqu'un, en écrivant sa lettre, de disserter stratégie? Il avait sa femme, sa fiancée, ses enfants, sa mère, toute sa vie, devant les yeux. On allait savoir enfin qu'il était vivant. Son cœur bourdonnait des voix du foyer. Il était ivre, à la fois ébloui, attendri, amer, presque fou. Les plus indifférents, les plus endormis, semblaient réveillés en sursaut. Cette permission de correspondre, cet acte de correspondre, avait fouetté toutes les torpeurs.

Car, Dieu merci, la captivité hébète. Elle fait souffrir durement au début. Et la souffrance, quelle qu'elle soit, aiguise l'esprit. Mais la captivité, c'est surtout la faim, la faim chronique! Il faut l'avoir connue pour savoir à quoi elle réduit, en très peu de temps, même un cerveau actif. D'abord, elle l'hallucine. L'on évoque, avec une force terrible, les repas d'avant la guerre. L'on se rappelle tel dîner, tel pique-nique. Les papilles nasales et gustatives, exaspérées par la diète, sont visitées de souvenirs de parfums et de saveurs. L'on ne pense plus qu'à manger. A la lettre, l'on n'est qu'un estomac qui crie. L'on passe des nuits blanches avec cette idée fixe : Comment m'y prendrai-je, demain matin, pour me procurer un pain de rabiot?

Mon ami, le petit Brissot, de l'infanterie alpine, nous a fait ces jours-ci,—comme nous nous promenions avec

nos deux majors français—cette confession inattendue:
"Une seule chose peut me faire plaisir maintenant:
recevoir à manger. Un seul homme peut m'intéresser:
celui qui est capable de me procurer à manger."

Cette calme déclaration, de la part d'un esprit assez
délicat pour joindre aux soucis d'un important négoce,
la lecture de James et de Bergson, et qui connaît à fond
Montaigne et les poètes *lakistes*, ne nous a paru ni
paradoxale, ni impertinente, ni cynique.

Hormis ceux qui peuvent, par des moyens illicites
et très onéreux, faire venir des vivres de l'extérieur,
presque tous "la sautent," comme ils disent.

LA CITÉ PRIMITIVE

(21 *octobre* 1914)

Grande journée! La plus grande, peut-être, de la
captivité, si j'excepte celle de mon premier teube[1]. Ce
premier teube! Après tant et tant de couchées en tenue
de campagne, ce déshabillage clandestin, au petit jour,
dans la cuisine de Dutrex, près de l'évier; cette sensation interdite, inespérée, d'être là, comme à la maison,
nu, sous l'ondée fumante; ce savon moussant de toutes
parts, sur les cheveux, le cou, le torse, les bras, les jambes,

[1] Le mot "*tub*" m'effraye; qu'on me pardonne de le transcrire en
français.

les pieds; cette douche à écuellées; cette friction sèche! Se trouver enfin dans sa peau propre, sous du linge propre! Puis, faisant à grandes enjambées le chemin des talus, dans la bonne solitude matinale, se dire comme malgré soi: "Je suis propre; quel luxe! Je suis à leur merci: mais j'ai réussi à être propre! Ils nous rationnent l'eau, et j'ai eu de l'eau. Ils me tiennent captif: mais, en cachette, j'ai dépouillé mon carcan de saleté, presque aussi lourd à porter que la faim! Je ne suis point tout à fait misérable!"

J'avais pris un pareil bain un mois plus tôt. C'était à Tonnoy, sept ou huit jours avant notre prise. Nous avions fourni une rude étape, de Chaouilley, au pied de la colline inspirée de Barrès, jusqu'à la Moselle. La crasse de trois nuits interminables dans un wagon à bestiaux, entassés les uns sur les autres; la poussière de la route, au milieu des trains d'artillerie et des convois doubles qui ne parviennent pas à déboîter; la courbature du premier cantonnement, la sueur, la fatigue: j'avais jeté tout cela à la rivière. Quel soir exquis! Le soleil tombait. Il faisait clair et tiède. La Moselle rapide s'épanchait parmi les îles de galets et les bancs de sable. Des grappes d'hommes, officiers et soldats, classards et réservistes, pêle-mêle, nus comme des vers, les gros, les longs, les courts, ventres proéminents et ventres creux, ourlaient la rive du plus curieux galon de chair fraîche. Nous avions l'air d'une colonie de Mormons.

En sortant de l'eau, j'avais défié Soulier aux ricochets. Te souvient-il, petit Darry, de nos ricochets sur la plage de Dully? J'ai battu Soulier. Un de mes galets plats, patinant brusque, survolant l'eau brune, est allé rebondir à l'autre bord, contre le rocher.

A la réflexion, ce bain de bonheur demeure mon plus agréable souvenir de Lorraine. J'ai peine à l'avouer —nonobstant Barrès, dont le style ennoblirait la plus chétive matière,—tous les villages que nous avons traversés, du mont Sion à la frontière, et particulière- ment le bourg de Tonnoy, me laissent une impression de mélancolie avare, sordide, de laideur et de malpro- preté.

Oui, le soir d'hier fut épique.

La matinée s'était écoulée comme de coutume : la promenade de bonne heure ; ensuite, jusqu'à la soupe, le travail. Rien n'annonçait un orage. J'avais fait un petit tour après le déjeuner, en compagnie de Dutrex, Durupt et Foch. Le temps était bavarois : un ciel humide, nimbant d'une douceur triste les lignes fléchis- santes de cette terre sage et rude ; une lumière médiocre, indécise, rêveuse, comme en nostalgie du riche azur de Piémont et de Provence ; une petite brise aigrelette, qui, dans le soleil, sent encore la neige fondue et la froidure, qui est presque de la bise, qui voudrait caresser et qui rudoie.

J'avais travaillé ferme les jours précédents. Mes esprits étaient ébréchés. Je ressentais une paresse vague. Un personnage qui, Dieu merci, hante bien rarement mes parages, l'ennui, était entré chez moi. Le "cafard" m'avait mordu. J'aspirais au repos sans avoir la force de m'y résoudre.

En retournant à la besogne, je rencontre le petit Brissot. Il coiffe depuis peu le bonnet bavarois, manière

de bonnet phrygien,—que j'ai mis à la mode au fort
Orff. Je le porte vert, la couleur de qui vous savez.
Il le porte bleu, nuance qui encadre à ravir son éner-
gique frimousse blonde. Me voyant un peu démonté,
hors de ma gaîté coutumière, il m'a empêché de
descendre.

"Laisse donc un moment, me fait-il, ta cuisine qui
pue le soufre de houille, l'égout, le graillon et les
épluchures! Tu y moisis dans la vapeur! Tes cheminées
tirent mal: quand j'y vais te voir, tes yeux pleurent
de fumée! Et puis, tu as bien assez bûché cette semaine
à l'abri de ton fameux écriteau. Sois tranquille, tu
auras du temps en suffisance pour achever ton étude.
Les généraux russes t'en donneront des mois et des
mois de recueillement! Et, s'ils n'y suffisent pas, nos
diplomates se chargeront de te fournir des rallonges...
Ce soir, tu mets donc de côté tes philosophies et tes
histoires. Nous faisons ensemble le tour des talus. Le
temps est beau. Nous causerons avec ma bonne amie
à travers les grilles. Si tu savais comme elle a pitié de
nous! En voilà une, par exemple, que les questions
d'Etat ne touchent guère. Qu'est-ce pour elle que des
Français, des Allemands, des Anglais, des Belges, des
Russes! Elle ne connaît que des hommes. Son cœur
a franchi les siècles et abouti sans effort à l'internatio-
nalisme intégral. Je t'assure qu'entre un *hübscher
Franzose*[1] et un *böser Deutsche*[2], son esprit n'hésite
pas!"

Gai, décidé, audacieux, précis, gentiment péremptoire, en défiance de tout, sauf de lui-même, faisceau

[1] Un joli Français.   [2] Un vilain Allemand.

imprévu de gosse et de chef, d'artiste et de négociant, serré dans une volonté intacte,—comment résister à Brissot un jour de cafard? Je l'accompagne sur la contrescarpe. Positivement, l'espèce de Flora muni-choise, courte, rebondie, aux grands yeux noirs, qu'il dénomme sa "bonne amie," se promène sur le sentier des glacis extérieurs, accompagnée de trois villageoises en cheveux et d'une bande d'enfants. "Au diable cette suite!" pense à part lui mon *hübscher Franzose.* La conversation s'engage,—plus innocente que le front bombé et les joues rondes des trois maritornes. L'une d'elles est toute joyeuse de savoir son promis en sécurité. Il est prisonnier. Elle vient de recevoir sa première lettre datée de Gap. Elle me demande si je suis fiancé, si la bague que j'ai au doigt (c'est Véron, le caporal du génie, qui me l'a coulée ces jours-ci avec l'étain d'un bouton de chasseur à pied) est un anneau de fiançailles, et pourquoi elle est en argent. Brissot prend les devants et répond, d'un air dégoûté, que ce n'est point là de l'argent, mais du platine, métal autrement précieux que l'or. Elle s'étonne. Elle n'a jamais entendu parler de platine.

La conversation se poursuit, amicalement niaise. Puis les gosses demandent des "pfennigs" français. "Oui, mais à la condition que vous nous passiez le journal!" Ils sont habitués à cette réponse; naturel-lement, ils en ont un tout prêt. Ils le roulent autour d'un caillou et nous le jettent par-dessus le grand fossé. Le journal est vieux de quatre jours. Quand même, nous leur lançons des sous qui vont tomber derrière eux, au delà du bourrelet des glacis. Gosses et maritornes

se précipitent goulûment. Et Brissot, profitant du
débarras momentané, de dire à sa Flora, aux yeux
dévorants: "Revenez donc demain; et sans cette
compagnie qui est indigne de vous!"
"Mon cher, je te laisse à tes amours, je rentre."

L'automne resplendit en rousseurs ardentes sur les
ramures des grands chênes, à la lisière du bois de
sapins — bois stratégique, destiné à masquer la batterie
Ouest. Les couverts grouillent de soldats, belles taches
bleues et rouges sur la lourde tapisserie vert-jaune.
Poinçon en main, courbés et muets, quelques-uns
sculptent des cailloux. D'autres s'usent les ongles et
usent les pierres d'angle à polir les tablettes de calcaire
blanc qu'ils accommoderont en ex-voto. Dans les deux
cours, des parties de barres et de balle éclaboussent de
cris l'amphithéâtre des parapets. Au pied d'un talus
qu'égaie un taillis de bouleaux, les cuisines de rabiotage
fument grand train. Un cercle s'affaire autour de chaque
foyer: qui séchant et rompant les brindilles raflées en
vitesse sur les essences du fort; qui fourgonnant la
braise, obstinée à charbonner; qui remuant le contenu
de la gamelle: morceaux de viande chapardée, triage
d'épluchures, marc de café mendié aux cuisines, pommes
subtilisées à la corvée, escargots cueillis sur les herbes
par les matins de pluie et mis au jeûne dans une vieille
boîte de cigares, croûtes de fromage, faux-mousserons,
chicorée des gazons. Des prêtres-soldats vont et viennent, disant leur bréviaire. Sur le chemin de seconde
escarpe, une foule entoure Le Second qui montre sa
dernière composition cubiste. A la fenêtre des cuisines,

tout un stationnement de pauvres bougres, le ventre
vide, reniflent patiemment le maigre fumet des marmites
potagères. Çà et là, des revendeurs passent, leur paco-
tille cachée sous les plis de la capote, proposant de
groupe en groupe une cigarette, un morceau de sucre,
une tablette de chocolat, au triple, voire au décuple de
sa valeur. Toute la fourmilière bleue et rouge a déserté
ses galeries souterraines. Qu'elle sent tristement, par
cet après-midi d'octobre, la gaîté et la misère!

Et pourtant j'ai comme une impression de cité, de
cité antique, au travers de cette cohue. Des linéaments
d'ordre civil s'y font jour. Un profil social s'y dessine.
Rompu il y a trois mois par le brusque appel aux
armes, nivelé ensuite et pulvérisé sous le rouleau
commun de la faim et de l'ennui, le monde d'avant
la mobilisation se reforme. Par une sorte de génération
spontanée, l'éternelle société surgit à nouveau du néant,
avec ses clans de chefs et de poètes, de commerçants
et d'artisans, avec ses classes de profiteurs et d'exploités,
de créateurs et de manœuvres. Elle renaît, mais plus
simple, plus nettement implacable, stylisée et comme
caricaturale. Cette fois, le tempérament, l'initiative,
l'énergie tiennent lieu de tradition. Pas de situation
acquise. Les fonctions ne s'octroient point; elles se
prennent. La concurrence est libre. Le point de départ,
le même pour tous. L'on tient sa place dans la hiérar-
chie naturelle du seul droit de la conquête. L'on n'y
dure, par ruse, violence ou génie, qu'au prix d'une
constante victoire.

Il se produit ainsi de curieux déplacements de
fortune. Tel qui n'avait pas un centime à l'arrivée, a

vendu dix sous un cigare qu'on lui avait donné, s'est
acheté du chocolat avec ses dix sous, l'a revendu à
mille pour cent, et, toujours liardant, menant sans répit
son usure, est arrivé de cette manière à se constituer
un capital. J'ai surpris quelquefois ce commerçant de
génie, sur les talus, au crépuscule, se croyant seul ;
accroupi sur les deux mains, il contemplait son mouchoir crasseux étendu sur l'herbe, couvert de séries de
pièces blanches. Tel était plongeur dans un estaminet
qui s'est mis en tête d'écrire des poèmes ; il les chante
sur des airs connus dans les concerts du samedi à la 7,
aux applaudissements de tous. Un certain Tarbouriech,
cultivateur agenois, s'est fabriqué des poinçons et des
ciseaux et gratte des cailloux pour les amateurs français
et bavarois. Il peut ainsi, avec le mark qu'on lui donne
par tablette taillée, se procurer de temps en temps une
boule de pain supplémentaire. C'est un vrai décorateur
sur pierre, un bon sculpteur sobre et simple ; et il ne
le savait pas.

Tout en flânant au dernier soleil, j'admire ce
déploiement spontané de force créatrice. Je m'étonne
de cette surabondance de talents dans un groupe aussi
restreint. Et, pourtant, il est sombre le spectacle de
cette pauvre cité primitive qui s'est mise à champi-
gnonner sur la couche unie de l'égalité servile.

Tout y trahit l'action de la faim. Elle est ici l'unique mère des inventions artistiques, commerciales,
industrielles ; elle suscite jusqu'aux dévouements à la
collectivité—l'exercice d'un service public procurant
d'ordinaire un supplément de ration. Débrouille-toi,
sinon crève ! Voilà la règle.

LE JOUR DES MORTS 1914

Le jour des Morts, nous sommes allés au cimetière d'Ingolstadt. Détry et moi étions porte-couronne. A demi-cachés par les guirlandes de feuillage, enrubannées aux couleurs françaises, nous marquions fermement le pas dans la *Theresienstrasse*, où s'attroupaient pour nous regarder des badauds presque tous en deuil, vieillards, femmes, militaires en congé de blessures et toute une piaillerie d'enfants. Pas de cris hostiles comme il y a deux mois. Quelques têtes se découvraient à notre passage; des bandes de gosses nous assaillaient de *Knopf! Knopf!* (un bouton! un bouton!) point du tout belliqueux. Nous allions à toute allure, prenant l'air de ne voir personne, sachant bien que, nous, les prisonniers, étions les vainqueurs.

Notre escouade portait beau. Nous avions trié nos hommes parmi les mieux plantés et les plus propres. Trois de nos majors, MM. J..., de Longwy, R..., de Marseille, B..., de l'Ardèche, gaillards solides, marchaient en tête, immédiatement après la couronne. Huit Bavarois, baïonnette au canon, nous encadraient. Démunis de leur casque à pointe, qu'ils ont dû livrer aux combattants, l'échine encore agricole, redressée à peine par la discipline récente, les jambes gourdes, rétives à marquer notre diable de pas français, ces cultivateurs et garçons de ferme ne payaient point de mine. Cela aussi nous faisait plaisir. Parmi ces bons

Souabes, nous nous sentions un peu tous comme Athéniens en Béotie.

Georg, par contre, qui marche à ma gauche en serre-file, porte le casque. Fringant, le verbe haut, gourmandant dédaigneusement ses compatriotes, il a conscience de racheter par sa seule présence l'humble et gauche paysannerie de l'escorte. Au cimetière, il se découvre; il nous fait ranger autour de la soixantaine de tombes françaises. L'air pénétré, il suit les prières latines. Quand nous allons ensuite, sur l'avis de M. Langlois, prier à côté sur les tombes des soldats allemands, ses paupières deviennent humides. Il ne cesse d'être digne.

Mais lorsque, la commémoration des défunts achevée, laissant la petite troupe regagner le fort, nous partons faire un tour de ville sous sa surveillance—les trois majors, Durupt, Détry et moi,—il se déclare soudain extrêmement pressé de rentrer:

"D'ordre du Commandant-major, il nous faut être à Orff pour le dîner!

—Mais il n'est que quatre heures!

—C'est très loin.

—En tous cas, d'ordre du commandant-major, nous allons de ce pas à la banque, chez le libraire, chez le tailleur et chez le marchand d'instruments de chirurgie.

—Ordre? Ce n'est pas un ordre. A peine est-ce une permission!

—Soit!"

Et nous d'entrer à la *Kœnigliche Bayerische Bank* où l'on nous donne, contre du bel or français, des paquets de coupures d'un mark; chez le tailleur militaire, qui s'empresse, aidé d'une épouse rondelette et souriante, de nous chercher parmi les rouges allemands, un rouge suffisamment voisin de notre écarlate; à la librairie, tapissée de cartes postales montrant des zeppelins survolant la place de l'Opéra, des mêlées guerrières, des soldats à l'agonie évoquant leur fiancée, représentée dans un coin, nimbée de nuées brillantes; chez le marchand d'instruments où Détry, notre dentiste, se garde bien de se fournir en une fois, voulant se ménager un prétexte pour revenir en ville.

Le cireur s'impatiente. Nous voilà dans la rue, trois devant, trois derrière, flanqués de la baïonnette de Georg.

Tout à coup, à notre droite, les vitrines d'un pâtissier étalant brioches et tartes sous les lumières, d'un bond, sans nous consulter, nous nous jetons tous les six dans la *Conditorei.* Georg sacre tous les diables, mais nous suit. "Mange," lui dit Détry en français, l'établissant de force devant une table chargée de flans et d'éclairs. Et nous, à jeun de friandises depuis trois mois, de croquer tout ce qui nous tombe sous la main. Pour moi, titubant de concupiscence, je franchis le comptoir, je prends la patronne par la main et, la bouche pleine: "Madame, vous seriez un ange si vous me procuriez un kilo de beurre!" Elle ne vend point du beurre, mais une maman n'a jamais résisté à un cri d'enfant. Elle me livre son beurre: "J'enverrai renouveler ma provision!" fait-elle, souriante. J'ouvre ses placards. "Oh! du Suchard! Combien cette pile?—Tant.— Voilà." Puis j'avise des espèces de petits gâteaux de Savoie, couverts de devises en sucre. En un clin d'œil j'ai bourré la musette, que je portais en bandoulière sous ma capote. Pansu comme un Bavarois, je ne puis plus me reboutonner.

Vorwärts! crie Georg, bien repu. Nous payons. En sortant, nous accablons de prières notre geôlier: "Qu'il nous conduise donc chez le charcutier, chez le marchand de tabac...—C'est absolument impossible!" crie-t-il. En réalité, il a peur de perdre son bénéfice d'inter-médiaire. Il s'avance, d'une allure terrible, chassant, à coups de pied, à coups de crosse, l'escorte piaillante des enfants. Seules deux petites filles, vraiment char-mantes, dix ou douze ans—qui ont marché à côté de moi jusqu'au cimetière et à qui j'ai dit: "J'ai des sœurs de votre âge qui vous ressemblent," continuent à m'accompagner malgré la brutalité du *Bursch*. Nous causons comme de vieilles connaissances. Sous les guichets du quartier de cavalerie, elles nous quittent: "*Grüss Gott, Herr Franzose!*"

Mes compagnons discutent encore avec Georg. "C'est si vite fait d'acheter dix paquets de tabac et une branche de saucisses!" Bonnes âmes! Ils raisonnent avec Georg! Durupt surtout, qui est éloquent en langue teutonne, se surpasse. "Être à la source de toutes les bonnes choses et ne pas y puiser! Passer bêtement!— *Ne! Ne!*" grogne toujours le *Bursch*. Nous allons maintenant par les rues mal éclairées. Puis ce sont les faubourgs, et, après la gare, la triste campagne des abords de ville.

"Mon vieux, fait Détry à Durupt, grand merci! Avec tout ton allemand, tu n'as pas été 'fichu' de nous procurer la plus petite saucisse, la moindre pipe

de tabac! Décidément, ô Durupt le Juste, tu ignores
la seule langue qui persuade Georg!"

Nous allons arriver à une auberge. Détry, qui ne
sait pas un mot d'allemand, pose sa main sur l'épaule
de l'ordonnance. Il lui chipe son casque, se le met sur
la tête et coiffe le Bavarois de son képi. Voilà qui
plaît à Georg! Puis Détry lui serre vigoureusement
la main: "Tiens, mon poteau! Voilà pour graisser ta
sale patte!" Georg ignore le français, mais comprend
très bien qu'il a deux marks dans la main. Bras dessus,
bras dessous, les deux frères d'armes prennent la tête
de l'escouade. Devant l'auberge: *"Bier! Bier!"* crie
Détry. L'aubergiste sort; il porte l'uniforme militaire.
Tout sourire, il nous prie d'entrer. Nous plaçons deux
chopes dans les mains de Georg. Nous déposons
devant lui une assiette de saucisses fumantes. Dans
cet appareil, avec son fusil-baïonnette appuyé contre
l'épaule, il est irrésistible. Je fais le tour de la
Wirtschaft; je découvre un lot d'assiettes toutes ser-
vies: ce sont des cochonnailles pour un bataillon qui
va passer, se rendant à la frontière russe. "Combien,
ce lot, *Gnädige Frau!*—Cinquante pfennigs la pièce."

Dieu, que nous avons bien dîné! Le menu n'était pas
varié, mais la quantité suppléait à tout! O délices!
Vous ne pouvez comprendre, ô vous qui n'avez jamais
eu faim, vous qui n'avez jamais été rationnés, qu'aucune
joie au monde ne surpasse en violence celle de se
trouver, tout à coup, après trois mois de captivité,
devant un lot d'assiettes couvertes de saucisses, de
salade de museau de bœuf et de cornichons.

Le *Wirt* était en possession de toute une marmaille.

Nous avons fait fête aux enfants. Nous les avons comblés de pfennigs. Nous avons dit à la *Gnädige Frau Wirtin* les compliments les plus honnêtes.

> *Es zogen zwei Bursche wohl über den Rhein*
> *Bei einer Frau Wirtin da kehrten sie ein...*

Nous étions ivres, non pas de bière, mais du sentiment de l'abondance! Nous avons commandé des cigares. "Avez-vous des boîtes de cigares?—Voilà.—Combien? Et ce régime de saucisses? Puis-je l'acheter? Combien?" Nous raflions tout. Georg cependant mangeait, buvait, comblé de rires amicaux et de bourrades. Tous étant bien repus, nous avons repris la route. Il faisait un brouillard épais. Deux compagnies du bataillon bavarois, en train de campagne, qui allaient s'embarquer, nous ont croisé. Elles passaient, le pas lourd, silencieuses. Nous chantions.

Détry faisait répéter à Georg des phrases françaises: "Mademoiselle, voulez-vous *t*anser?

—Non, môssieu, *ch*'ai mal aux pieds!"

Maître et élève, ils levaient la jambe de concert. Nous nous tordions les côtes. A vrai dire, cette subite bombance nous avait un peu éméchés!

Et Détry d'accabler Durupt de sarcasmes. "Mon vieil Aristide le Juste! tu ne sauras jamais gouverner les hommes. Vois-tu, Georg est comme tous les Bavarois que nous avons eus à la garde; il tient d'abord à sa peau et puis il aime son plaisir. Laisse-moi tranquille avec l'honneur et la vertu allemands! Ces gens-là abondent en phrases ronflantes, mais ne résistent pas à un mark de pourboire!" Détry exagérait sans aucun doute.

Georg n'est plus gai maintenant. Hélas! elle est close sa campagne du fort Orff, sa campagne de ripaille et de paillardise. Pour lui va commencer la vraie guerre. Pauvre Georg! Comme il voudrait s'en tenir à sa pseudo-blessure de Dieuze! Certes, il aime "la gloire," la "vertu" allemandes. Certes, il aime son roi. Mais il aime tant, avec l'argent des Français, aller faire le coq dans les villages! Il aime la patrie et les parades guerrières. Mais il aime aussi les aises de son bas-ventre et être couché au chaud. Il aime tant de choses qu'il choisit toujours la plus proche, la plus facile, et que l'occasion lui fournit son acte.

Le voilà appelé au feu. Dans quelques jours, il sera à moisir dans les tranchées, les bottes engluées de glaise. Malgré sa bonne volonté, il se peut qu'une balle le couche à terre avant qu'il ait trouvé le moment propice de se faire prendre, sain et sauf, par les Français. Et son nom figurera dans les bulletins de guerre, parmi les héros tombés au champ d'honneur. Ce que c'est que de la vie!

Oui, mais! maintenant, comment va-t-il se procurer du chocolat et des harengs de la Baltique, mon cher petit Brissot?

LES RUSSES

(20 *avril* 1915)

Les Russes que nous redoutions sont venus. Depuis trois mois, les Allemands, nous en menaçaient comme de la peste. Et ils ajoutaient: "Dans les camps où l'on met ensemble des Français et des Russes, ça finit toujours par des coups."

Un beau matin l'*Oberstabsarzt* nous a vaccinés contre le choléra. Chacun s'est dit: "Ils arrivent." Le *Feldwebel*, en effet, est passé par les casemates, taxant, l'une de cinq, l'autre de dix, quelques-unes de quinze Russes. L'après-midi, des groupes faisaient vigie sur l'avancée de talus qui commande la route d'Ingolstadt. On y bougonnait. On y maudissait l'Allemand de vouloir nous empoisonner de la peste asiatique. Quelques-uns, effrayés par la vaccination, se voyaient déjà noirs et pourris.

Le soir, à six heures, une heure avant l'heure habituelle, la sonnerie électrique a crépité pour l'évacuation des couverts. Tout de suite l'on a mandé les quarante-neuf chefs de chambrée. On les a rangés au delà du pont. Et d'attendre.

Sur la croupe des talus et la façade basse en briques roses, écrasée, sournoise, comme en embuscade dans les fossés, le doux crépuscule d'avril est descendu. Des grappes de Français s'accrochaient aux fenêtres. Leurs figures rieuses narguaient le maître, raide et propret, qui faisait les cent pas sur le glacis. Un moment, à sa barbe, ils se sont mis à fredonner l'hymne russe. Mais les Russes ne paraissaient point. Là-bas, dans le demi-jour, entre les mousses verdissantes de l'escarpe, étoilées d'anémones et de pas-d'âne, la grande porte noire demeurait obstinément close. L'impatience grandissait. Enfin, sur un coup de sifflet de la sentinelle extérieure, le *Hauptmann* s'avance; la porte s'ouvre.

La répartition du convoi s'est faite à la prussienne. Chaque chef de chambrée est allé prendre livraison de ses Russes, dehors, derrière la porte, et a conduit ce supplément d'escouade à sa casemate. Cela a pris une demi-heure. Suivant en file indienne leur caporal ou sergent français, ils ont défilé, l'allure vive, au pas ouaté de leurs grandes bottes souples, emmitouflés de vastes casaques grises, agrandis par de gigantesques bonnets fourrés. La nuit venait. La couleur morte des uniformes glissait dans le crépuscule. Le silence était absolu. Faces pâles de Scythes, faces camuses de Tatars, pommettes asiatiques, barbes samoyèdes, blond naissant, follettes et frisottantes...toutes les Russies passaient. Nous regardions. L'on eût dit un songe des neiges. Le pont franchi, ils s'engouffraient dans le fort.

Dedans, au scandale de nos maîtres, ç'a été l'ordre français. Malgré la consigne à la chambre, les "Françous" s'entassaient sur le pas des portes pour saluer les "petits pères." "Bonjour, Rouski! criaient-ils sans souci des Boches. *Germania kaput*! Les Karpathes floup!" (Et ils esquissaient un geste goguenard de franchissement.)

"Quels singes!" pensaient les Allemands en les voyant faire. Le vrai est que personne ne s'entend comme les Français à inventer un idiome, à suppléer aux mots par des signes et des onomatopées. Qu'ils sont excusables de négliger les langues étrangères! Un bon mime apprend-il les langues?

Les Russes n'avançaient guère plus vite dans les couloirs du fort Orff qu'à l'assaut de Lowicz, quand ils butèrent aux fils de fer. Chaque porte était une embûche; chaque Français une entrave. Les cigares et les gâteaux pleuvaient sur eux. Et les poignées de mains, et les bourrades sympathiques! Et Détry, qui craint les poux comme le choléra, troquait son képi contre une formidable toque sibérienne en fourrure de mouton, hérissée, puante, grouillante!...

Les petits pères étaient à jeun de la veille. Le fourrier leur a servi un morceau de fromage, mais pas de pain. "*Germania, niet Klebs!* Il n'y a pas de pain en Allemagne! nous disaient les Russes.—*Ia, nichts Brot!* répondaient les Français dans leur mauvais allemand. Mais, France, *Brot*, beaucoup *Brot!*" Et, devisant ainsi par exclamations petit nègre, ils vidaient leurs musettes aux affamés.

C'est les Allemands qui riaient jaune. Ils avaient escompté la guerre: c'était l'amour. Jusqu'à neuf heures le remue-ménage fut incroyable. Chaque chambrée traitait ses "bleus." Les chambres pauvres offraient des croûtons blancs, boulangés en Saintonge ou en Basse-Bretagne. Dans les chambres aisées, on cuisait du chocolat aux biscottes. La mienne, celle des interprètes, n'ayant point de Russes, j'ai gagné la 16, la casemate du caporal Dumoulin, mon camarade de campagne. Ils avaient fini de dîner. Assis sur leurs paillasses pliées en deux, nos alliés digéraient les envois des mamans de France. Près de la fenêtre, un coiffeur accommodait déjà les tignasses.

"Tu vois, me dit Dumoulin, je les veux coquets... Mais, qu'ils sont donc pieux et cérémonieux! Nous leur avons partagé nos provisions, naturellement. Ils m'ont tous baisé la main. Puis, ils ont quitté leur casquette; ils ont fait leur prière; ils ont mangé. Après quoi, ils se sont levés, ont fait encore leur prière, sont revenus me baiser la main... Mais, qu'apportes-tu là?

—Je n'ai pas de Russes; alors, j'adopte les tiens. Le malheur est qu'ils ont dîné!

—Oh! mon cher, ce soir, ils dîneraient dix fois!"

Ç'a été mon tour d'être embrassé! Pains d'épices, œufs de Pâques, confitures, petits beurres, dattes, cigarettes...entre chaque "service" j'étais baisé. Le baise-main ne suffisant pas, l'un d'eux, un caporal hirsute, courtaud, avec de bons yeux de chien, m'a baisé aux lèvres. Il faut croire que c'est l'usage en Russie. Quelques-uns, comme si j'eusse été l'éléphant blanc, m'accablaient de grandes génuflexions.

Tout le soir, dans le fort, ce fut une ivresse de générosité. Si économes à leur ordinaire, les Français donnaient tout. Le Poverello n'eût pas fait mieux. Les grosses miches pansues, pétries dans la maie familiale et cuites au four du village natal, les pommes et les noisettes de la dernière récolte, les vieux saucissons parfumés d'ail et de thym, tout, jusqu'aux "surprises" méditées en secret par la maman pour son gars pri-

sonnier, tout y passa. Le petit Stéphanus, de Saint-
Denis, qu'un éclat à la tête a rendu sourd, et qui,
orphelin, ne recevrait rien de France sans vous et
Mme Weiss, ne disposait que de son cinquième de
pain aux pommes de terre. Il l'a donné. Les camarades des pays occupés, qui doivent vivre sur les provisions d'un "frère adoptif," se désolaient de n'avoir
à partager que leur misère.

Mais si la charité était vive, la gaîté était folle. Cela
stupéfiait les petits pères. Ils jetaient sur nous des
regards éblouis. Ils nous croyaient des barines de
légende, des Crésus découlant de lait et de miel, des
magiciens inaccessibles au malheur, capables de faire
fleurir le désert et la dalle même de la prison. Quel
changement pour eux! Avoir été les serfs des sergents
boches au camp de Lechfeld, sentir encore au dos et à
la poitrine la cuisson des coups de schlague administrés
en vengeance de la perte de Przemysl, et tomber soudain au milieu du festin de la parabole! Riches et
pauvres, gueux et seigneurs, tous égaux, tous amis,
tous frères, autour de l'agape évangélique où rien ne
manque, pas même les fines Murattis et les Laurens
parfumées! Cette abondance et cette fraternité les gri-
saient. Émerveillés et muets, ignorant notre langue
comme nous ignorions la leur, ne pouvant témoigner
autrement leur reconnaissance, ils nous baisaient à
tout propos, ils se répandaient devant nous en proster-
nements comme au pied de leurs icônes.

LE PETIT PEUPLE ALLEMAND
ET LA GUERRE

(7 juillet 1915)

Voilà bientôt un an que j'assiste à la vie de ce coin
d'Allemagne. Je regarde; je questionne; j'écoute. Ils
se sont apprivoisés tout à fait maintenant. Plus de cris
de mort. Plus de *kaput*, sauf par plaisanterie. Dans
les villages, quand la corvée arrive, les enfants accourent de toutes parts, nu-pieds, un peu timides, à la
fois confus et souriants. Leurs papas leur ont dit que
les Français étaient de fameux soldats, "les seuls qui
avaient pu tenir tête aux gris-bleus." Cette apologie
nous a grandis aux yeux de ces marmots. Puis ils
savent que nous recevons des paquets, beaucoup de
paquets. Ils nous croient d'une richesse exorbitante.
L'on précise même, entre commères, qu'il y a un milliardaire et six millionnaires au fort Orff; et, je ne sais
pourquoi, c'est moi qui suis le milliardaire. Ce petit
monde s'étonne et admire que des gens d'aussi haut
parage, et si terribles sur le champ de bataille, se
montrent si simples avec eux. Leurs bourgeois et
hobereaux en usent, paraît-il, de manière un peu dif-
férente. Enfin, ces villageois ont appris que le fort était
une vraie république, que nous y avions supprimé les
distinctions de fortune, que les "sans-paquet" touchaient autant sur les colis de France que les "petits
paquets" et les "gros paquets." Ce communisme, si
naturel pourtant, les a touchés et conquis.

Le fait est que les enfants et la corvée fraternisent. Les pauvres femmes nous offrent, en cachette, qui, une pomme, qui, un œuf. Les vieux nous saluent bien bas. L'on nous dit, "très honoré monsieur un tel," "M. un tel de très haute naissance."... Même les réformés n° 1, avec leur manche vide et leur figure de massacre, ont perdu cet affreux regard de haine dont ils nous assassinaient au début.

A Ingolstadt, quand nous attendons les paquets sur la place de la *Kommandantur*, les civils vont et viennent devant notre groupe, et babillent. Les femmes sont particulièrement attentives. Elles reconnaissent Monsieur Pierre "qui avait une effroyable blessure et qui, Dieu merci, est bien guéri"; monsieur Paul, qui...; monsieur Jacques, que... Et comme elles rient de toutes leurs dents quand nous les rappelons à l'ordre, leur citant la mercuriale dont les a flagellées le journal de la veille! Elles se moquent bien du journal! La sentinelle a beau grogner, elles déclarent à sa barbe que les *Franzosen* sont rudement *cholis* et *chantils*. Et quelques-unes, qui ont des lettres, confessent qu' "un pantalon rouge vaut largement un *Feld-grau*" et que "c'est une bien bonne blague que la France soit pourrie, comme on le prétend."

Hier, un postier chenu s'est planté devant la corvée.

"Eh bien! comment ça va, gros père? lui fait Bracke, qui sait un peu de patois franconien.

—Oh! messieurs, très bien, très bien."

Il restait là, interdit; il avait enlevé sa *Mütze* et s'épongeait le front pour se donner une contenance.

"Ça me fait mal au cœur, dit-il tout à coup, un peu

bégayant, de penser que nous sommes en guerre avec vous....

—Mais non, mon vieux, on n'est pas en guerre avec toi. C'est seulement au poil de tes fortes têtes que nous en voulons. Eux, c'est des brutes qui t'écrasent et voudraient écraser tout le monde. Mais, toi, tu es un 'poteau!' *Du bist ein Poteau!*

—Qu'est-ce que c'est un 'poteau'?

—C'est comme qui dirait un vrai copain!"

Le postier avait la larme à l'œil: "Ah! ça me fait du bien au cœur!... Moi, j'aime les Français. Vous êtes si gentils pour tout le monde. Vous ne méprisez pas le pauvre peuple...

—Tiens, mon vieux général, voilà un londrès que ma bourgeoise m'a envoyé. Car, tu sais, heureusement que la France nous approvisionne... Ça n'empêche pas qu'on rossera ton sale kaiser et tous tes gros bonnets. Nous, on est républicain. Liberté! Égalité! Fraternité!... Nous voulons que tout le monde vive. Mais, dame, qui s'y frotte!... Bon sang! Pourquoi diable ne fourrez-vous pas votre kaiser à l'égout! Laissez faire! On va vous libérer, nous, et un peu vite!"

Le postier, effaré, allumait son cigare par le mauvais bout.

Oui, ils ont bien changé depuis notre arrivée. Le dogme de notre caducité définitive, dont on les avait patiemment pénétrés, ne tient plus guère. Ils s'en moquent avec nous. C'est amusant de voir ces petites gens,—qui n'ont jamais reçu que des regards de dédain de leurs patrons et de leurs officiers—nous traiter en intimes. Cela les flatte de causer avec nous

sur le pied de l'égalité démocratique. Car ils reconnaissent fort bien notre supériorité. Ils sont très touchés que nous n'en abusions pas. Ils nous sentent sin-
cères dans notre haine de l'orgueil de caste. Ils applau-
dissent à nos discours républicains. En retour, ils nous
font confidence de leurs rancunes, de leur désespoir.
Comme ils sont unanimes, les pauvres bougres, à dé-
tester cette horrible tuerie!

LA TRAVERSÉE DE LA SUISSE

(31 *juillet* 1915)

Notre convoi a traversé la Suisse cette nuit. Je
voudrais ne pas être malade—malade de détente et
de bonheur—pour vous dépeindre l'accueil qu'on nous
y a fait. Il m'a transporté, et, je dois le dire, il m'a
surpris.

Je connais la Suisse. Je l'aime comme ma seconde
patrie. Son histoire et ses institutions me sont fami-
lières. De longs séjours aux bords du Léman et de
chères amitiés m'ont persuadé depuis longtemps qu'un
même instinct animait nos deux peuples, l'instinct
de l'indépendance et de l'humanité. D'avance, dans
ce duel forcené, je savais où irait la libre sympathie
de nos aînés en république.

Il n'empêche, je croyais qu'à notre passage, cette

6—2

sympathie, si vraie et si sûre, se vêtirait d'un voile et contiendrait son élan.

Par prudence, d'abord. C'est un tel paradoxe que la Suisse! Un citoyen de Lausanne sait-il jamais, quand il manifeste son amour pour la civilisation française (qui est sa chose, après tout, aussi légitimement qu'elle est la chose d'un citoyen d'Orléans et de Nancy), sait-il jamais s'il ne blessera pas un confédéré de Bâle ou de Zurich? Et si cette manifestation se généralise, provoque une contre-manifestation, n'a-t-il pas tout à redouter, pour sa patrie, d'un tel plébiscite spontané? Ne serait-ce pas la fin de cette nation bi-cardiaque qu'une lutte ouverte se déclarant soudain dans ses frontières entre les deux civilisations qui la constituent?... Aussi, n'eussions-nous rencontré, durant ce voyage nocturne de Constance à Genève, que des visages gentils et calmes, je n'aurais point douté, pour autant, de ma chère Suisse.

J'aurais dit à mes compagnons:

"Faites-lui confiance: elle nous aime. Cette démocratie est paisible, saine, peu encline aux grandes phrases, ennemie des scènes de la rue; mais elle croit, d'une foi robuste, au droit des gens. De toutes ses forces, elle déteste l'impérialisme agressif et la savante barbarie allemande... Vous la trouvez timide, réservée, circonspecte; vous incriminez son silence. Ne l'accusez point: ce silence est une obligation de son patriotisme. Car elle est patriote, farouchement patriote. Elle voudrait vous acclamer: un grave devoir national lui clôt les lèvres. Comment voulez-vous qu'elle permette, de gaîté de cœur, que la culture germanique et la culture latine s'affrontent soudain, chez elle, comme dans un champ clos,—elle qui ne subsiste que de leur accord, elle dont c'est la mission historique de les faire communiquer, se pénétrer, s'harmoniser!... Cette guerre atroce est une heure difficile pour sa vie intérieure! Tenue à la réserve en temps de paix, maintenant, pour conjurer une scission toujours possible, elle doit se serrer comme dans une camisole de force, refréner sa langue, avaler les mots qui la brûlent—les mots d'amour et d'admiration que lui dicte son cœur pour sa vaillante sœur et voisine... Croyez-moi, mes compagnons, la démocratie des montagnes prie, dans son âme, pour la victoire du droit, pour notre victoire. Son silence n'est qu'une façade: elle se tait par raison d'État."

Je n'ai pas eu à tenir ce discours. Le peuple helvète, si hostile aux démonstrations, nous a acclamés d'un bout à l'autre de la Suisse. Il a veillé toute la nuit. Il nous a comblés de cadeaux. Nos banquettes n'étaient qu'une jonchée de rubans, de cocardes, de fleurs, de boîtes de cigares, de paniers de nourriture, de bouteilles des fameux crus de Neuchâtel, de la Côte, de Lavaux et d'Yvorne. Dans mon seul compartiment, nous avons rempli six musettes de cigares que nous avons expédiées au front, au 30e de ligne, le régiment du pauvre Robequain dont j'ai appris la mort en arrivant à Bellegarde.

Et ne croyez pas que c'était la seule pitié pour les épaves de la guerre qui inspirait cette explosion de générosité. J'en ai la certitude, c'était l'amour de la France. Bourgeois et paysans, enfants et vieillards, et

en Suisse allemande comme en Suisse française, tous
ils chantaient la *Marseillaise*. Ils brandissaient le
drapeau tricolore. Ils criaient: "Vive la France!" Aux
arrêts, ils nous parlaient cœur à cœur, comme des
frères. Ils nous remettaient des adresses qui étaient
des hymnes à "la nation de Valmy et de la Marne,"
aux "champions des droits de l'homme," à l'armée
citoyenne qui a juré de vaincre ou de mourir pour
"l'avènement d'une libre Europe."

Il me semblait que les fiers Helvètes du Morgarten
et de Sempach, que ces vieux ancêtres de la démocratie et de la liberté étaient venus du fond de leur
Grütli national pour nous faire la haie et nous bénir,
nous, les fils de la jeune République.

Je ne puis vous exprimer la folie de joie qui bouil-
lonnait dans nos veines. La France! La France aimée!
La France de notre sang et de notre cœur! L'éternelle
France ressuscitée par l'agression allemande, et rede-
venue chevalier de la liberté! La France acclamée par
les neutres, par tous les hommes qui vivent du respect
du droit!...J'étais ivre de bonheur. Quelle récompense
qu'une telle nuit, pour vous, mes nobles mutilés, et
pour toi, mon petit frère, aux tympans crevés, au
crâne fendu, et pour vous, mes amis, tous mes saints
amis trépassés, qui dormez en Lorraine, en Belgique,
dans les Flandres et sur la Marne!

Jean Renaud

GOTT MIT UNS
(1ᵉʳ *novembre* 1914.—*Fismes*)

—Gott mit uns! Dieu avec nous; l'appel lancé par la horde avec l'espoir qu'il rappelle le "Dieu le veut" des Croisés partant pour la guerre où ils allaient avec, au fond du cœur, la joie de faire bien et de faire grand.

Dieu le veut! l'orphelin et la femme seront protégés…

Dieu le veut! les vieux seront respectés…

Dieu le veut! et la France passait victorieuse et bénie…

Ce matin, le "Gott mit uns" a été poussé à pleine voix là-bas derrière la colline; et les chevaliers teutons ont enfourché leurs aéroplanes de bataille; ils sont venus avec leur "Gott mit uns" en croisade hardie au-dessus d'une très modeste ville inoffensive qui n'est pour rien dans leur revers et qui se réveillait au glas de la Fête des Morts…

Ils sont arrivés tandis que des veuves, des enfants et des vieux étaient réunis dans l'église, où ils priaient pour leurs défunts vénérés…

"Gott mit uns!"

Ils ont plané très haut, hors de la portée des fusils

qui, ici, n'avaient rien à défendre; puis, Dieu avec eux,
ils ont plané, oiseaux sinistres, et à l'heure même de
l'élévation solennelle, ils ont bombardé la pauvre église
et sa grande famille de veuves, d'enfants et de très vieux.

"Gott mit uns!" Hourra pour les aviateurs du Vater-
land über alles! les femmes, les enfants, les très vieux
ont d'abord fui, puis ils sont revenus vers l'autel où
l'on prie. Les autres ont alors de nouveau plané, et, de
nouveau, quatre bombes sont tombées...

Dans l'après-midi, tandis que, pieusement, les braves
gens allaient au cimetière fleurir les tombes des camarades blessés à l'ennemi et qui sont venus mourir dans
la petite ville inoffensive, tandis qu'un officier territorial
les saluait au nom des amis et des parents éloignés, les
grands oiseaux ont reparu; leurs bombes ont explosé,
effritant la pierre des mausolées et des croix; puis, ils
sont partis vers la grande ville à la cathédrale mutilée
et ont courageusement bombardé tout un quartier de
miséreux!... Hourra! Gott mit uns! Gott mit uns!

Fermez les églises, sauvez les sanctuaires, enlevez les
objets précieux de vos maisons...

Vous, les femmes, enfermez-vous avec vos fils, avec
vos filles.

Gott mit uns!

Vous les vieux et les curés, gare à la fusillade.

Gott mit uns!

Attention, ce sont les barbares qui passent...

LE VILLAGE FANTÔME

(29 *décembre* 1914)

— ... Il était une fois, sur les bords de l'Aisne, un petit village coquet comme ces villages toulousains qui mirent leurs clochers pointus dans l'eau claire du Touch ou de la Garonne; comme les peuples heureux, ce village n'avait pas d'histoire et cachait son bonheur derrière des haies de lilas fleuris.

Il était une fois, comme dans les contes, ce petit village avec des glycines retombantes, avec des jardins aux bosquets rabougris; puis, un jour vint où, subitement, les haies de lilas frissonnèrent sous les rafales d'un vent qui ne les avait jamais secouées; et le village coquet, le village aux glycines, le village semblable à ceux de chez nous ne fut plus qu'une misérable chose tassée, recroquevillée et comme honteuse de sa nudité trop brutalement dévoilée.

C'est ce village que je viens voir, et c'est le cauchemar de son réveil que je vis...

... Nous sommes, devant ce qui fut un coin où l'on a aimé et où l'on a ri; notre reconnaissance a poussé jusqu'aux maisons où les Boches ont couché; je ne sais rien qui soit plus lamentable que la vision de leur pillage, sale, honteux, déshonorant.

Aucune parole ne peut rendre l'horreur des viols de cette soldatesque saoule dont les déjections ont balafré les murs et les façades; aucune expression ne peut traduire le complet anéantissement, la sensation de fin qui vient de ces ruines sur lesquelles les obus tombent sans discontinuer. J'ai vu d'autres ruines, Meaux, Senlis, mais aucune n'est si complètement "ruine" que celle-ci. Aucune manœuvre n'a motivé le bombardement qui, à l'heure actuelle, s'acharne encore sur des murs, sur des toits, sur des intérieurs pitoyables où pêle-mêle gisent les dépouilles de pauvres gens qui se sont enfuis.

Tout saute, s'effrite, s'écroule; des marmites s'écrasent contre le clocher dont le cadran éborgné marque trois heures; il n'y a pourtant rien en dehors d'une reconnaissance d'état-major qu'aucun observateur ne peut voir; on démolit pour démolir, pour le plaisir de raser ce que les soldats du kaiser ont pu laisser debout.

Ce qu'ils ont laissé est surtout de l'horreur et de la saleté. Ces soldats, qui sont des ouvriers ou des paysans, se sont acharnés sur les misérables choses des ouvriers et des paysans; en face de nous, dans un quartier pauvre, de pauvres maisons étalent leur nudité ou leurs haillons. L'intimité de leurs intérieurs a été violentée à la façon dont les apaches violentent; rien n'est plus tragique que leurs meubles souillés; que leurs armoires forcées; que leurs linges rapiécés, marqués des empreintes par quoi les Boches jalonnent leur malodorant passage; que, surtout, leurs jouets d'enfants qu'ils ont aussi mutilés dans leur rage imbécile.

Voilà le spectacle qu'il faut se figurer; voilà ce qu'il faut préciser chez nous pour que, dans le cœur de tous, s'enflamment le désir et la volonté de représailles sans merci; il n'y a plus maintenant de paroles d'excuse, de gestes de repentir; les ruines de ce village de Pontavert marqueront parmi les plus sinistres, parce qu'elles font partie du crime bestial qu'en temps de guerre on punit de la fusillade, sans jugement.

Les obus tombent; il n'y a rien dans les rues sonores comme des couloirs. Quelques maisons ont essayé de cacher leurs blessures avec des matelas; la mitraille a rejeté les matelas contre des tombes aux croix desquelles restent accrochés des képis de fantassins et d'artilleurs.

Encore un obus qui éclate cette fois sur un tas de vieille ferraille. Nous dépassons le village détruit; le village que l'on ne devrait jamais reconstruire pour que nos enfants se souviennent; et au-dessus duquel, sur une croix ou sur une pierre tombale, on devrait graver:

"Ici gît pillé, incendié, bombardé, violé par l'armée allemande, en 1914, et en exécution des ordres de son empereur, un village qui n'avait rien fait et qui s'appelait le village de Pontavert."

Avant de m'éloigner, je me retourne pour bien fixer dans mes yeux l'image de ses ruines fumantes; il me semble qu'à cette heure il se redresse, comme s'il voulait défendre, avant de mourir, ce qui est son âme et qui vit encore; il sursaute, se crispe, veut tenir; mais les obus tombent, tombent…, encore un sursaut, puis, brusquement le village ne remue plus…; le village est mort. Nous restons là; pétrifiés par son agonie, tandis que près de nous, venu je ne sais d'où, un pauvre chat s'avance, se frotte contre nos bottes et, déjà familier, ronronne en quête d'une caresse ou d'un morceau de pain.

LA SUPRÊME INFAMIE

(6 *février* 1915.—*De la tranchée*)

—"Deutschland über alles!" C'est peut-être fouettés
par ce vivat et enlevés par le courage qu'il leur donna,
que quelques-uns d'entre eux se sont alignés en face
de nos fils de fer barbelés; c'est peut-être encore pour
avoir été conseillés par ces officiers dont l'attitude
change, quand, prisonniers, ils passent devant nous,
avant d'aller encombrer la province de leur morgue
stupide et de leur prétention insolente, qu'ils ont ajouté
une infamie de plus à toutes celles dont leurs intel-
lectuels s'honorent, c'est possible; toujours est-il que
si, en face, des consciences parlent, beaucoup de têtes
doivent se détourner à force d'humiliation et de dégoût.

Car, enfin, il y en a là dedans qui comprennent et
qui éprouvent; ils ne sont pas tous taillés sur un même
modèle, ces soldats, dont beaucoup, je suis le premier
à le dire bien haut, se battent avec une bravoure et un
mépris de la mort indiscutables; il y en a; nous en
sommes sûrs, nous qui les combattons; il y en a; et si
le "Deutschland über alles" les secoue avec de l'enthousiasme et même de l'ivresse au jour de leur élan,
que doivent ressentir ceux qui, froidement, les com-
mandent, et qui leur refusent l'honneur de mourir avec
leur uniforme sur la peau?

Aujourd'hui leurs cadavres sont étalés et confondus
avec ceux des nôtres qui ont fini dans l'orgueil d'un

assaut splendide. Je ne veux pas les regarder, ils ne méritent pas qu'on les regarde; je ne veux rappeler ici que le drame dont ils ont été les acteurs misérables.

Cela s'est passé dans un après-midi de grisaille et de boue, à l'heure où sur la ligne les 75 faisaient rage et où leurs gerbes fusantes tailladaient et coupaient, dans la tranchée... Cela s'est passé dans ce cadre, toujours le même, en face duquel, en première ligne, les officiers d'artillerie observent et marquent les coups dont, par téléphone, ils régularisent la portée : cadre poignant au milieu duquel ils précisent, jugent, et où leur volonté doit maîtriser la tension de leurs nerfs exaspérés...

Il faut pourtant que vous le voyiez ce cadre, à l'horizon limité par de souples mouvements de collines rasées au flanc desquelles serpentent des chemins couverts: il faut le voir avec ses bosquets épars dans des bas-fonds, avec aussi des pans de mur noircis qui furent des murs de châteaux ou de fermes; il faut le voir avec ses premières lignes en avant desquelles s'étale un réseau de trente à quarante mètres de largeur; il faut le voir, surtout, dans la rage de la lutte, au milieu des lourdes détonations des marmites, du claquement sec des mitrailleuses, du "ploff" écrasé des "minenwerfer," à la minute où toutes ces détonations, tous ces claquements, tous ces "ploff" se confondent pour devenir le bruit du combat; le bruit terrible au milieu duquel on distingue pourtant le "dzzin" aigu des balles rapides...

C'est dans ce cadre que l'infanterie se meut; c'est dans ces rafales qu'elle émerge des boyaux et des tran-

chées pour, à toute allure, se précipiter dans d'autres
boyaux et d'autres tranchées qui sont aux Allemands;
c'est aussi dans ce vacarme que l'observateur d'artillerie
calcule et téléphone, à moins qu'un obus malheureux
ne fasse sauter tous les fils de communication et ne
l'isole définitivement des camarades qui attendent.

Et cela se produisit par ce soir de grisaille et de
boue dont je parle.

Une explosion de marmite bouleversa tout...

L'officier observateur resta sur place, la jumelle rivée
du côté où la lutte s'affirmait plus âpre et où les 75
éclataient avec le plus de violence.

Soudain, de la tranchée ennemie, des "Français"
sortirent; d'où venaient-ils, ceux-là? Quels chemins
avaient-ils donc emprunté pour surgir ainsi des lignes
ennemies? Inquiet, l'officier assura ses jumelles; et pourtant, c'étaient bien des hommes vêtus de nos uniformes
et coiffés de nos képis; les baïonnettes basses, ils se
précipitaient pour franchir, à toute vitesse, les quelques
cents mètres qui les séparaient d'une tranchée conquise;
mais d'où diable venaient-ils et à quel mouvement
obéissaient-ils donc pour charger ainsi "vers l'arrière"?

Soudain, brutalement, le soupçon d'une infamie tra-
versa l'esprit du camarade; mais oui, c'était cela... Il
le voyait maintenant; il "voyait" encore dans la tranchée les officiers qui surveillaient cette opération; il les
"voyait" distinctement, lui l'observateur, et il se sentait impuissant à prévenir l'artillerie qui cessait son tir
pour ne pas écraser des enfants de chez nous.

Il fallait regarder sans pouvoir crier: "Mais tirez
donc, c'est la crapule qui va commettre un assassinat!..."

En vain, avec les bras et avec son mouchoir, l'officier tentait-il des signaux que personne ne pouvait
apercevoir des canons soudain silencieux, où on regardait sans comprendre, et où le plus angoissant des
cas de conscience s'imposait à ceux qui devaient tirer
sans arrêt...

En bas, loin, l'autre, désespérément, agitait ses bras
et hurlait, pressentant la catastrophe proche; il "les"
voyait gagner du terrain, s'approcher de la tranchée
où, sans méfiance, les nôtres se battaient toujours; mais
personne n'allait donc tirer? Personne, personne. Et
la crapule allait réussir. Déjà les premiers de cette ra-
caille ont sauté dans notre tranchée... ils y sont... les
autres vont suivre... alors... alors...

Alors...

Une mitrailleuse claque, "d'autres ont vu" et ces
autres-là peuvent se défendre et châtier.

Les premiers rangs boches sont fauchés; les derniers, ahuris, hésitent, tournent la tête du côté d'où ils
sont venus et... brusquement, fuient... fuient...; cette
fois, on comprend sur les collines où les canons veillent
et c'est une rafale effroyable qui passe...

Quand elle est passée, il n'y a plus, debout, que
quelques hommes qui courent; ils ont des gestes de
fous et ils se dévêtent hâtivement...

Mais regarde-les, ils ne sont plus rien que des bêtes
apeurées, tes voleurs d'uniformes, ô *Deutschland* toujours plus *über alles*; regarde encore plus loin et vois
comme tes officiers se terrent; ils sont déjà écrasés par
le remords de ce massacre et par la responsabilité de
cette nouvelle infamie...

LA ROUTE TRAGIQUE

(11 *avril* 1915. *R...-aux-Pots*)

Échevelée, mauvaise, la vision de ce que fut la colère
d'une déroute nous immobilise. La bataille qui l'a commencée paraît terminée d'hier ; les Allemands étaient
là, là, lorsque la défaite de la Marne les bouscula ; tout
est détruit ; je ne connais rien qui soit plus misérablement ruiné ; aux Antilles, Saint-Pierre que la Pelée
ensevelit a laissé dans mon souvenir l'espoir d'une résurrection ; j'ai, ici, la sensation d'une fin irrémédiable.
On dirait que, furieux de ne pouvoir massacrer leurs
vainqueurs, ils se soient acharnés sur ces mobiliers de
pauvres bougres, sur ces foyers de gueux, sur ces jouets
d'enfants. Ils dansèrent des rondes autour des maisons
en feu ; pour le plaisir de tuer et de faire souffrir, ils
enfermèrent des bestiaux dans des étables qu'ils incendièrent ; puis, ils bombardèrent l'église historique
dont pendant des siècles la façade haut dressée, malgré
les invasions et les tourmentes, offrit au soleil levant
la pureté de ses dentelles de pierre... Des hordes avaient
passé, des pillages s'étaient accomplis, des assauts s'étaient rués, acharnés et sans quartier, mais le bijou de
l'église majestueuse et inviolée était toujours resté debout au-dessus de la désolation des ruines et des brasiers
fumants. Aujourd'hui, les festons sont déchirés, les
porches crevés, les croisillons brisés ; les personnages
du haut-relief de la Danse macabre décapités ; frappé

de vertige, le bourdon est tombé et un miracle d'équilibre le maintient encore sur une clef de voûte désagrégée;
plus bas, le cimetière présente l'horreur de ses tombes
profanées et de ses mausolées brisés...

Alors, on va, on avance, on regarde sans comprendre;
on ne veut pas croire que ce soient des hommes qui
aient fait cela; des hommes qui, comme nous, ont des
parents, des foyers, des familles, des femmes, épouses
ou amantes qu'ils aiment, des cimetières qu'ils fleuris-
sent de la jolie fleur du souvenir et qui, malgré cela,
pillent en invoquant leur *Gott mit uns* et les lois sacrées
de l'Humanité généreuse.

Je me demande, après avoir noté leur acharnement
à détruire les inoffensives choses des pauvres gens, à
quelle humanité ils appartiennent et à quelle divinité
féroce ils sacrifient pour commettre autant de vilenies
et tant de crimes...

UNE RELÈVE

(Automne 1915. *Braquis-en-Woëvre)*

—Dans la nuit profonde, sous la pluie qui les trempe
et les fait grelotter, nos hommes vont par files dont les
piétinements rompent à peine les silences accablés.

Il fait une de ces nuits à travers lesquelles on ne voit
et on ne sent rien de ce qui rappelle la vie; il pèse, par-

tout et sur tous, je ne sais quelle résignation et quel
mutisme, qui rendent l'ombre angoissante et hostile,
parce qu'on dirait qu'elle écrase et qu'elle ensevelit.
La pluie l'épaissit et on s'enfonce à travers son opacité
avec la même difficulté qu'éprouve le nageur à vaincre
l'eau qui l'engourdit.

On n'entend aucun appel, et pourtant combien sont-
ils qui défilent? De combien de compagnies sont com-
posées les colonnes qui zigzaguent au hasard des routes
qu'une vase gluante transforme en skatings sur lesquels
des fantassins s'écroulent dans un fracas de bidons tin-
tinnabulants? Ils vont ainsi, ce soir, pour être demain
aux lignes qu'ils occuperont sans que les observatoires
ennemis aient repéré leur déplacement; ce n'est pas le
combat pour eux, ce n'est pas non plus la concentration
préparatoire des groupes prêts aux assauts que fouet-
teront des clameurs d'enthousiasme et des vivats au
pays pour lequel on va tomber, mais c'est peut-être un
des épisodes les plus pénibles dont le souvenir restera
gravé dans la mémoire de ceux qui l'auront vécu...

Les serpents des colonnes se déroulent dans ce noir
mystérieux où l'averse diluvienne s'allie à la boue liquide
qui enlise et aux flaques puantes qui inondent. Pas un
cri ne monte pourtant de la cohue que deviennent vite
les rangs impuissants à conserver leur régularité ou leur
équilibre à travers les ornières, les fossés et les chemins
hâtivement tracés, qui ignorent les accidents de terrains
que leurs constructeurs, trop pressés, ont dédaignés...

On marche avec la sensation que l'on piétine, parce
qu'aucun repère ne permet de soupçonner que l'on a-
vance; par instants, des à-coups brusques secouent les

files d'une ondulation qui jette le désarroi dans les convois dont les chevaux ruent sous le coup de bélier des timons qui martèlent leur croupe ; personne ne murmure, pas plus ce conducteur qu'un coup de pied vient d'étaler sur le revers d'un fossé, que ce sergent que l'on sort à grand'peine d'un trou de marmite rempli de pourriture et où il a disparu en entier... On ne dit rien, parce qu'on sait que, là-bas, loin, bien loin, après le très obscur, il y a des projecteurs qui veillent, et dont le moindre bruit peut attirer de ce côté l'attention curieuse et malveillante ; on s'arrête et, sans qu'on s'y attende, on repart dans le brutal démarrage de pied ferme qui casse les traits et qui, dans un coup de collier maladroit, culbute un fourgon dans une rigole plus importante que les autres.

Il n'y a aucun sifflement d'obus lourd, aucun "pïou, pïou, pïou" de marmite, aucun "dzzin" strident ou prolongé de balle, c'est le silence des tombes appesanti.

Il n'y a que de la nuit et de la pluie, mais cette nuit et cette pluie sont à la fois plus pénibles et plus dangereuses que la tranchée où la mort rôde.

On gagne quelques cents mètres à force d'à-coups éreintants qui brisent les jambes aux hommes et cassent les jarrets aux chevaux ; on s'interpelle à voix basse en passant à travers des ruines dont on distingue les amas dressés ainsi que des épouvantails ; mais, personne ne sait ce que fut ce village ou ce hameau, dont le squelette gît abandonné dans l'ombre noire et froide.

Où est-on ? Où est la route ? On disparaît avec de l'eau jusqu'au ventre dans des fossés insoupçonnés ; on croit à de la terre ferme et on tombe debout sur les

talons, on ne sait au fond de quoi, et on éprouve derrière la nuque une commotion violente qui étourdit.
Il faut avancer; et on s'engage dans des chemins inconnus au milieu desquels des demi-tours s'exécutent
sans qu'il soit possible de s'éclairer; il faut se fier à
l'instinct des montures qui renâclent d'inquiétude et
butent, quand elles ne s'écroulent pas dans une mare
ou un blanc d'eau; puis, elles allongent le cou, dans
des descentes de main méfiantes, et lorsqu'elles trottinent, on a des vertiges et on croit voir comme des
trous sombres qui s'ouvrent et qui attirent comme des
précipices...

On s'arrête encore. Halte!

C'est la halte; on se résigne; alors, avec des gestes
lents, les faisceaux formés, les hommes silencieux se
mettent à manger, tout droits, des bouts de pain que
la pluie mouille et affadit. Pas un bruit; à peine si
parfois le heurt d'un bidon ou le choc de deux croisillons se fait entendre; brusquement, c'est une alerte; un
cheval, énervé par l'obscurité, échappe à son gardien
et s'élance à travers les faisceaux qui s'effondrent et
les groupes qui se disloquent effarés; on saute n'importe où; des jurons éclatent furieux et indignés; puis,
un craquement formidable se fait entendre prolongé
par le bruit sourd d'une chute; le cheval vient de cre-
ver le misérable garde-fou d'un ponceau et a roulé dans
un torrent; on se précipite, mais voici que des artilleurs
arrivent dans une galopade casse-cou et demandent
qu'on les aide dans un demi-tour de chemin étroit...

—Allons, l'infanterie...

—D'ailleurs c'est du 75...

—Oh! alors, si c'est du 75!...

Sans se plaindre, parce que c'est une façon de plus d'être utile, les court-à-pattes, les trimards, les pauvres bougres aux uniformes pitoyables traversent les champs détrempés et viennent avec leur bonne volonté et leur camaraderie toujours prêtes; ils poussent aux roues; leurs mains glissent le long des rais gluants ou s'écorchent aux boulons des jantes; peu importe, ils parviennent à dégager les canons dont les silhouettes apparaissent tassées sous la pluie qui cingle leurs boucliers et leurs jaquettes! Bah! on se revaudra ça demain, les frères! et ils s'apprêtent à repartir lorsque, du très loin, un jet de feu phosphorescent monte vers le ciel où il s'épanouit en panache.

—Le projecteur!

—Boche?

—Français?

On ne sait pas; comment saurait-on, puisqu'on arrive du diable vert. Quoi? C'est celui du fort de Souville? ou du fort de Douaumont? Comment non? C'est celui des Allemands! Allons, taisez-vous! Que personne ne bouge! Vos bouches, là-dedans!... Silence...

Et sous le ciel, le grand faisceau se promène fantomatique et redoutable.

Soudain illuminés, des coins de paysage se montrent, renfrognés comme des dormeurs qu'une clarté subite a réveillés; des collines émergent de l'ombre avec des arbres hérissés comme des chevelures mal peignées, et à perte de vue des flaques flambent comme à l'heure rouge des couchants incendiés.

Va-t-il s'arrêter sur la colonne? Il tâte, palpe à la

façon du bâton d'un aveugle qui marche; il franchit des coteaux, descend dans des ravins; il approche, il est là et se fixe sur les artilleurs.

On s'aplatit instinctivement; des têtes de chevaux paraissent décharnées, tant, sous le faisceau qui les fouille, elles accusent les arêtes osseuses de leurs saillies; et on voit luire leurs gros yeux qui regardent dilatés et stupides.

Sans transition, l'éblouissant foyer s'éteint.

Un obus va-t-il maintenant arriver dans ce tas grouillant d'hommes, de matériel et d'attelages? On attend; rien ne grogne; l'obscurité retombe souveraine maîtresse de la situation et tellement écrasante qu'on se sent, sous son poids, sans force et sans courage...

La pluie ronronne; le chemin glisse; les culottes mouillées durcissent; l'eau dégoutte du casque dans le cou où elle s'infiltre agaçante, glacée, et, pourtant, tout s'ébranle sans une plainte contre le temps impitoyable et contre la nuit louche. Il le faut...

Alors, le fantassin remonte son sac d'un coup d'épaule, l'artilleur pousse aux pièces embourbées et tous avancent pour relever, à l'heure dite, les camarades qui se sont cognés et pour prendre vite leur place à la ligne où l'on se bat et où l'on tue...

Capitaine Canudo

KÉRÉVÈS-DÉRÉ

(1915)

De l'île de Lemnos à la presqu'île de Gallipoli, le voyage prend immédiatement un aspect de la guerre. Le chantier de Mudros s'éloigne rapidement, se fond dans les voiles aqueux de la chaleur. La vision du tohu-bohu d'hommes et de matériel roulés en tous sens s'évanouit devant l'avance vers la bataille dure.

C'est une marche d'approche, vraiment.

On prend toutes précautions, on scrute l'âme voilée de l'horizon. En route, les ordres contradictoires et faux se forment dans les cerveaux, se répandent par les bouches, parcourent l'étrange bateau, et semblent se perdre dans l'eau, à poupe ou à proue, chassés par d'autres ordres, par d'autres fantaisies.

On dit qu'il est impossible d'aller aujourd'hui à Seddul-Bahr et que l'on cingle vers Alexandrie. Une vision de paix lumineuse et de belles chairs ensoleillées se lève aussitôt sur le pont, devant les regards convoitants de ces guerriers destinés aux tranchées de sable empoisonné de la presqu'île.

On nous dit que l'on va débarquer à Dédéagatch.

Les Bulgares nous attendent, acquis à notre cause. Et tout ce que l'on dit est faux.

On entre dans la zone des bruits de guerre du cap Hellès, en attendant d'y entrer tout à fait. Ces longs vrombissements ne rappellent pas ceux des autres fronts. La mer leur donne une résonnance extraordinaire. Cependant que nous nous approchons du cap, les bruits mortels s'enflent sur la mer, acquièrent dans l'immense immatérialité de l'eau comme des "aspects," comme des formes solides sous le ciel. Puis, tout se précise. L'esprit ne vagabonde plus. Les mains sont fermes sur le bois ou l'acier des fusils; et les regards s'aiguisent sous les sourcils froncés, sur les bouches serrées, tous pointés vers l'avant, vers la clarté jaunâtre avec des brouillards lointains roux ou violets: la terre qui attend dans l'extraordinaire limpidité vibrante de cette lumière orientale.

La silhouette tassée, monstrueuse, à la fois grotesque et féroce que la volonté de l'homme a prise pour être terrible sur la mer, révèle la garde des grands navires de guerre. Ils étincellent d'éclairs, de temps à autre, et s'enveloppent de fumée et de bruits. Des fumées et des bruits, aussi, loin, en avant, à droite, à gauche. Le *River Clyde* apparaît comme un dos de monstre docile, sur lequel les hommes peuvent passer dans leur guerre.

———————

Est-ce vraiment désolé l'aspect de cette rive qui depuis tant de jours et de nuits accueille la belle énergie humaine, la voit disparaître vers les tranchées creusées avec plus de désespoir que de vouloir; la voit revenir, amoindrie, fléchissante, malade ou blessée, pour s'éloigner à nouveau sur la mer indifférente? Les ruines, l'indigence suprême de la terre, le tourment inscrit dans les pierres, sont formidablement vivifiés par le fracas de la guerre, par le mouvement intense de toute la bruyante matière mortelle, dans les airs et sur le sol.

En avant!

Oh! pas bien loin. N'y a-t-il pas une oasis que nous appelons les Oliviers? N'y a-t-il pas d'autres oasis, parmi les blocs qui ont des figures de cauchemar, quelque part, vers l'Asie ou vers Suvla, où les Anglais, dit-on, ont l'intention de faire de grandes prouesses? Non. C'est la presqu'île du Bruit guerrier, toute étendue sous la plus extravagante avalanche de la matière ardente, qui se croise sous la voûte du ciel, et tombe là, partout. La vision, la sensation, l'odeur du feu, continuellement.

En avant!

La mer est si belle, derrière, où elle n'est plus que clarté vaste; et à droite. La terre est magnifiquement déchirée dans l'infernal ravin du Kérévès-Déré. A droite, la lumineuse proie de convoitise: le détroit!

L'ennemi est en face, et il est de tous côtés. Sa présence charnelle est comme celle de la mort par l'acier brisé. Il est partout, comme les obus qui nous viennent de droite, de devant.

Toutes nos tranchées mystérieuses, aux noms cabalistiques, nos K, nos G, et nos fortins et nos fontaines, aux noms de vaillants et malheureux officiers coloniaux ou autres, qui les créèrent sur ce sol traître, sur

ce sol féroce plus que l'ennemi; ce sol presque humain,
acharné, semble-t-il, plus que l'ennemi lui-même, à
nous rejeter; tout notre "système," jusqu'ici peu heureux, nous donne bien la sensation que rien n'est à
nous ici, que tout est en commun avec l'adversaire.

Celui-ci nous harcèle. Il nous fait beaucoup de mal.
Nous lui en faisons aussi. Mais nous ne le haïssons
pas, et il ne nous hait pas, c'est certain.

Du reste, peut-on encore penser que le déchaîne-
ment de la guerre soit une question de volonté, ou,
encore moins, de sentiment? Oh! non. Une période
de guerre est une saison humaine. Un orage. Printanier, peut-être. Les grands mélanges humains, néces-
saires aux races, aux peuples, à quelque collectivité
que ce soit, la guerre les fait, lorsque l'heure a sonné,
périodiquement, hors de la volonté, et encore plus, du
sentiment des hommes. Le dernier acharnement d'un
assaut à la baïonnette, l'incendie du sang sur une position à peine conquise, tombe immédiatement dès que
l'ennemi est devenu un prisonnier. L'impératif de la
haine collective est absolument étranger au sentiment
même de la haine.

Nécessité. Nous semblons comprendre ainsi la
guerre, ici. Des Turcs, ce matin, au petit jour, nous ont
apporté quelques blessés à nous, jusqu'au parapet de
la tranchée. Ils étaient graves, taciturnes, habillés vraiment de fatalité. Vaguement couleur de boue, de cette
boue qui nous poursuit tenace sur tous les fronts, torture molle du combattant ici aussi, et qui s'alterne aux
tourments du sable oriental. Le matin naissant leur
donnait une enveloppe immatérielle, les grandissait

étrangement. Fantômes d'un sentiment chevaleresque très pur, ils nous en ont imposé, car ils nous ont émus.

Ils avaient ramassé leurs blessés, entre les lignes. Nous les avions laissés faire, d'espoir qu'ils enterrassent aussi leurs morts; ces atroces foyers de mort sous un aspect humain, que sont les cadavres entre les lignes, se dissolvant en puanteur intolérable sous la chaleur. Ils ont trouvé de nos blessés, ils nous les ont apportés. Leur geste, si simplement beau, et le contact de nos mains sur le même corps brisé—eux pour nous le donner, nous pour le prendre—ont été notre seul langage. Nous sommes ennemis, nous ne devons pas nous parler.

Il y a du reste une certaine noblesse dans la manière guerrière des Turcs. Qui saurait la définir? On la sent. Elle est faite à la fois de sérénité et de bravoure. Et quel contraste singulier, entre leur combativité extrême pendant les actions, et l'expression large, lointaine, indifférente, un peu langoureuse aussi, des yeux des prisonniers.

———

Eux aussi sont étourdis par l'enfer bruyant des artilleries. Pour nous, il y a la ration quotidienne de bruits et d'acier que nous envoient Achi-Baba et la côte d'Asie. Pour eux, surtout nos vaisseaux. Nous vivons les uns et les autres sous la coupole enflammée. Les maladies serpentent dans les tranchées, nombreuses, féroces, allongeant leurs tentacules invisibles et tenaces dans l'air, dans la nourriture, dans l'eau pourrie, dans le sifflement énervant des moustiques, dans le bourdonnement angoissant de mouches énormes, dans la morsure nombreuse, intolérable, des puces et des poux ; les maladies serpentent dans la tranchée, à travers nos pauvres corps, dont tous les nerfs sont à vif sous la couche de saleté, d'étoffe et de craie qui les habille ; les maladies serpentent dans la tranchée embrasée de soleil aigu, comme les quelques milliards de débris de métal et de balles traversent l'air irrespirable, qu'ils sillonnent à tout instant. La fureur horizontale des obus et des balles, et leur férocité verticale en tombant, déchirent l'espace en millions de croix invisibles, continuellement.

Nous mangeons notre pain à genoux sur la terre. Et notre air est fait de poussière et de fer.

L'ennemi n'est pas plus heureux.

Ses blessés, comme les nôtres, ont immédiatement des plaies immondes, par les mouches, et le sang violet...

Ici plus qu'ailleurs, les quelques gouailleries de nos soldats, nous les saisissons au vol, chacun les fait siennes, pour se raffermir le cœur dans certaines lassitudes. Parfois elles sont efficaces comme de l'alcool.

Le premier qui, contre l'affolement mortel nous venant des terribles batteries ennemies de la côte d'Asie, a jeté le mot : "Voilà le Côte d'Asie-Express!" a donné ainsi à ses camarades comme une forte ration d'eau-de-vie, une "gnole" française de grande marque. Que pouvait-on opposer d'autre à cet acharnement de coups dont on ne saurait séparer le bruit de départ de celui d'éclatement? La rapidité avec laquelle s'effectue cette œuvre de mort est étonnante. La gouaillerie dans les tranchées, sous la domination féroce de l'inévitable, est une sorte de résignation active, de réaction résignée.

Lui ayant donné un nom qui doit être prononcé en souriant, la "chose" est moins accablante.

C'est que nous n'avons aucune consolation intérieure. Cette guerre, ici, ne nous plaît pas, parce que le général Gouraud a proclamé à ses troupes de ne pas placer les Turcs dans la même zone de rancœur de race et de haine impitoyable qu'il faut réserver aux Allemands. Cela a paru juste à tout le monde. Et cette guerre ne nous plaît pas, parce que ceux qui s'en vont, brisés, nous paraissent plus nombreux que ceux qui arrivent; et ceux que nous enterrons nous font déjà un chœur effroyable par leur nombre accru à tout moment du jour et de la nuit; et, surtout, parce qu'il plane ici un état singulier de sensibilité qui n'existe sur aucun autre front. Nous avons trop la sensation d'être instables, de ne pas pouvoir continuer, d'être appelés d'un instant à l'autre à abandonner la partie, cette atroce partie...

On tiendra, jusque-là. On tient.

Mais les défaillances et les héroïsmes, ici, viennent du même fond de malaise. Ce n'est pas la dureté de la mort, l'abomination innombrable des maladies, l'horreur des blessures vite transformées en plaies immondes, bleuâtres de mouches grouillantes et de saletés volantes. Si une compagnie de légionnaires a quitté la tranchée sous la poussée turque, dans la nuit,—elle est revenue sept minutes après,—c'est que vraiment les cœurs les plus solides peuvent avoir des défaillances, ici. Les Sénégalais avaient commencé, du reste, se sauvant en arrière avec des hurlements sauvages qui ébranlaient la nuit. Mais les Sénégalais étaient terrorisés du fait que les Turcs avançaient fermement, en rampant sur le ventre, le fusil pendu au cou par la bretelle, les cisailles ou la grenade dans une main, en rythmant leur respiration essoufflée par un petit cri mystérieux et implacable: "Allah, Allah!... Allah, Allah!... Allah, Allah!..." Ils rampaient vers nos fils de fer, préparer la brèche à une attaque. Alors les Sénégalais musulmans ont fui, de terreur.

Ils sont rentrés ainsi dans la tranchée. On tient, malgré tout, à être là. Et puis, tout l'espace en arrière, jusqu'à la mer, est terriblement battu. On a trop l'impression d'être emprisonné, d'être lié au sol plus qu'au sort, pour chercher ailleurs que dans notre étroit tombeau de vivants, l'apaisement que l'on n'a nulle part dans la presqu'île.

———

Il vaut mieux rester avec nos morts. Oh ! l'on n'est pas heureux lorsque les camarades s'immobilisent, ne répondent plus à nos appels, ne sont plus un fusil dans le créneau. Mais on est forcé souvent d'en faire des tas, de les coucher devant nous, sur le parapet, recouverts de terre, de chaux s'il y en a. Et le parapet devient plus solide. Et les morts continuent ainsi à aider leurs camarades, ne nous quittent pas tout à fait.

Parfois, la terre se tasse, un bras nous frappe, un pied nous rappelle la chose mortelle sur laquelle nous continuons à appuyer notre défense... Et lorsque le malaise est trop grand, trois, quatre soldats, sans rien dire, se précipitent dans un boyau où il y a des Turcs, les bousculent héroïquement, se font tuer, entraînent la compagnie à l'attaque non préparée, réussissant parfois.

A quoi? Un massacre de plus, du désespoir, de l'attente dans cette horreur trop chaude...

Jusqu'à quand?

Le colonel N... a entraîné notre bataillon à l'assaut, en sortant le premier des tranchées. Une vision. Grand, mince, blanc, le revolver était à son poing comme un sceptre de souveraineté, un signe de la noblesse d'une race. Tout le monde a grimpé dehors, s'est élancé. Les Turcs ont reculé; ceux qui n'avaient pu se bousculer dans le boyau tombaient copieusement. Mais nous n'étions pas en nombre, encore une fois, pour occuper sérieusement la tranchée, la tenir devant leur deuxième ligne proche.

Nous sommes rentrés dans la nôtre.

Un Turc s'est montré, alors. Calmement, il est revenu à son poste, a cherché quelque chose qu'il montrait dans la main, le bras tendu. C'étaient des chaussures. Il était si superbement calme, que nul n'a voulu tirer sur lui.

Des visions. Des visions.

Il y a je ne sais quel poison dans l'air d'enfer de Kérévès-Déré.

————

SALONIQUE

(1915)

Allemands, Turcs, Espagnols, Grecs, Français, Ita-
liens, Anglais, se coudoient dans cette ville qui, au
fond, n'est ni grecque, ni turque, mais israélite. Et le
port n'est ni Marseille, ni Gênes. Ce n'est pas un
capharnaüm de marchands cosmopolites. C'est vraiment un carrefour des races. On n'y sent nullement
la vie méditerranéenne, la vie de la mer sur laquelle
les courants humains se sont croisés, entre-croisés, se
poursuivant plus nombreux que les courants de l'air.
On croit y reconnaître la vie elle-même, en puissance,
grouillant, bouillant: un remous humain, au centre
d'un océan d'activité européenne, africaine et asiatique.
Quelque part, sur les quais, se dresse la Tour Blanche
vénitienne, témoin toujours de l'immuable traîtrise de
ces peuples.

Voilà pourquoi Allemands et Bulgares songent à
Salonique, courent à la Terre promise comme les
Allemands à Trieste. Les grandes lignes maritimes
et les grandes lignes de l'Orient européen se nouent
ici suprêmement. La proie, arrachée par les Grecs
aux Turcs, maîtres séculaires, est trop belle pour que
des "Boulgres" la délaissent. Ils la poursuivent, même
dans leurs rêves. Ils croyaient l'avoir arrachée lors de
la guerre balkanique.

C'est contre eux que nous allons porter notre force.

Et c'est pour cela que les Grecs paraissent nous accueillir avec tant de joie. Leur armée qui, depuis la mobilisation, peuplait déjà cette ville, dont nous, Français
et Anglais, sommes venus doubler la population, nous
salue et veut fraterniser avec nous, plus que cela ne se
produit entre l'armée française et l'armée britannique.
Les sons de la langue française, plus ou moins pure,
plus ou moins baragouinée, sont dans toutes les
bouches. Et l'on sent une grâce toute latine, une vi-
gueur pleine de souplesse, dominer le chaos des races
qui se heurtent à Salonique.

Les femmes y sont à peu près invisibles. Rien que
du mouvement délirant, le long des couloirs fangeux
bordés de magasins et d'échopes, où tous les vendeurs,
si férocement âpres, paraissent s'accrocher à nous, avec
des doigts crochus.

Toute la ville, sans élégance, sans sexualité, est livrée
au démon du commerce immédiat, en paroxysme.

Quant à notre masse armée, elle va s'écouler rapidement vers d'autres fronts. Et l'on dit que toute
l'armée d'Épire, 50,000 hommes, viendra nous ren-
forcer...

Zouaves et Evzones s'en vont pour le moment côte
à côte en patrouille, l'air hébété, trop calmes dans
trop de mouvement, muets et rêveurs, dans les rues
sombres de cette ville vénitienne, si sale, où j'ai vu
les plus belles roses du monde.

———————

MORT D'UN VILLAGE

(Octobre, 1915)

Hier, nous fûmes une volonté cruelle et nécessaire.
Il fallait évacuer Bakceli-Cesne, ce village que nos
soldats serbes nous présentaient comme suspect. Nous
n'étions qu'un long, très long serpent bleuâtre, dénoué
le long des ravins et des pentes escarpées, une compagnie de zouaves marchant à la file indienne, l'arme
à la main, l'esprit aux aguets. De temps en temps,
nous traversions des bois magnifiques de vert frais, et
des ruisseaux clairs et gais. Sur les coteaux on n'entendait que l'essoufflement grave et rauque des zouaves,
car, ici, nous faisons tous pour la première fois la
guerre de montagne, et nous n'avons pas encore appris
à mesurer en harmonie, ainsi qu'il sied dans tous les
sports et qu'on apprend, le mouvement du corps et la
respiration. La machine de la volonté cruelle et nécessaire s'allongeait sur la montagne avec le bruit
chaud et haletant de deux cents poitrines.

La patrouille serbe, qui nous devançait, vint nous
prévenir enfin qu'on approchait du village désigné,
condamné à être vidé de sa puissance humaine, à
demeurer qui sait combien de temps en léthargie, à
moins que les troupes adverses ne s'y rencontrent dans
une mêlée.

Le village est un de ces groupements de maisons
basses, à tuiles noirâtres, dont toutes les pièces s'ou-

vrent régulièrement sur une sorte de vestibule couvert
au rez-de-chaussée et sur une véranda à plancher à
l'étage unique. Un groupement de misère, vraiment,
au moins en apparence. La population turque, ici,
hommes, femmes, vieillards, enfants, donne invariable-
ment une impression de misère navrante et surtout de
mollesse gluante, d'éloignement profond de toute vie
active.

Notre ignorance de la langue, cette batterie implacable dressée entre des êtres qui ne peuvent se comprendre et ce qu'il y a de délabré dans les vêtements
pauvres dont nous ne saisissons pas le style, accroissent
l'impression de mort vivante qui se dégage partout
dans les villages de la nouvelle Serbie.

Point de place, point de maison centrale, de maison
à tous, sauf la mosquée, une pauvre bâtisse grossière-
ment et curieusement peinte et sans minaret. Les quelques hommes restés dans le village se sont groupés
autour de nous, à notre appel.

Nous avions cerné le village, bouché de quelques
fusils prêts toutes les issues, et une section de zouaves
s'était portée un peu plus haut, sur une crête.

L'officier serbe qui nous accompagnait a communi-
qué l'arrêt aux habitants. Les hommes n'ont rien dit.
La surprise fut chez eux une stupeur. Seulement, à un
rayon de soleil qui, brusquant les nuages blancs vint
préciser les couleurs grises et noires de cette misère,
je voulus chercher le regard de ces hommes et je vis
que tous les yeux étaient enflés et humides.

On leur donna une heure pour ramasser leur bien,
tout ce qu'ils pouvaient vouloir garder, tout ce qui,

8—2

dans l'exode et dans l'exil, pouvait être pour eux
l'ombre de leur passé, le simulacre de leur propriété,
si infime soit-elle, détruite par l'arrêt que nous portions.

Pendant quelques instants de silence, je suivis l'in-
terrogation des enfants qui se rapprochaient des chefs
de famille, et l'allure indécise, endormie des groupes
qui s'en allaient dans les maisons prévenir celle qui
est le foyer, qui est le sens même de la chose stable,
durable, existante; la femme. Certes, chaque homme,
en dehors de son sentiment, voyait la terreur de celle
qu'il devait surprendre, ruminait la parole de l'annonce cruelle.

Ce fut un peu l'impression, bien connue désormais,
de l'obus tiré par un canon visible ou invisible: on
entend l'éclat du départ, puis, après l'attente de quelques secondes, on entend l'explosion de l'arrivée, quelque part qu'on ne voit pas. Le coup avait porté. Il
était multiple. De plusieurs endroits du village, des
maisons où les femmes s'étaient tapies, invisibles, à
notre irruption dans le village, nous entendîmes l'explosion bruyante de la douleur d'une collectivité. Les
hommes avaient atteint leurs maisons. Des cris, des
pleurs hauts, des voix musicalisées en cantilène, nous
témoignèrent que la sentence venait d'être connue.
Ceci nous fut épargné: la vue des visages en larmes.
Les femmes demeurèrent invisibles. Celles, parmi elles,
qui sortirent pour chercher des objets épars qui sait où,
ou ramasser et ramener leurs bêtes, pleuraient en courant au milieu des soldats, noires et fantasques, la figure
voilée de leurs grands châles sombres tenus par des

mains brunes sur la figure. Nous étions certes la personnification de la haine toute-puissante, par cela horrible.

La force de l'ordre reçu poussa enfin tous les habitants hors des maisons. Mais pendant l'heure que nous leur avions accordée pour se préparer à tuer leur village, pendant la triste et convulsive agonie du village, les cris des femmes et le mouvement enfiévré de ces quelques montagnards paisibles, perdus entre des cimes, me donnèrent avec une incroyable netteté l'impression de résistance et de déchirement de quelques solides plantes que l'on déracine.

Les petits ânes, oh! si tristes, si navrants de petitesse et de résignation, élevaient leur dos, gonflaient leurs flancs, d'énormes ballots mal fixés à la hâte, de ces lugubres ballots des pauvres, où se résigne et s'exprime, sous le vocable de la propriété, toute la misère incurable de la plus grande partie du genre humain.

Et le convoi se mit en route. Route longue, tortueuse, à travers les plus escarpées des montagnes. Je pus embrasser d'un coup d'œil la colonne déjà dénouée le long des sentiers, à travers les vignes mortes. Au milieu du bleu clair de nos capotes, et des taches jaunes extrêmement mobiles de nos chéchias, se détachait, violente, la longue tache brune des Turcs maculée du jaune, du vert, du blanc, du rouge des coiffures. Et sur la colonne, une sorte de psalmodie très douloureuse, la plainte des femmes, l'adieu liturgique des désespérés. Deux zouaves conduisaient par la main, avec une délicatesse filiale, poignante, le fusil à la bretelle, une vieille femme aveugle, la seule qui ne se lamentait pas, la seule qui souriait, indifférente. D'autres femmes, vieilles aussi, et des enfants, portaient ficelés sur le dos d'inimaginables paquets de chiffons, refusant de les mettre sur les ânes, se raccrochant avec une âpreté fervente à un sentiment extrême de la propriété inaliénable, de toute leur propriété, leur bien faisant corps avec elles-mêmes, attaché par des cordes à leur corps. Le même sentiment avait poussé quelques ménagères à fermer les portes de leurs demeures, à garder, dans les quelques centimètres de fer d'une clé enfouie dans la poche, l'illusion de la chose non abandonnée. Ce fut, en effet, avec un plus haut déchirement de voix qu'elles avaient aperçu les zouaves enfoncer les portes, pénétrer partout dans les maisons à peine quittées, pour s'assurer que nul n'y demeurait caché.

Un peu du sentiment du pillage, humain et vivant toujours, semblait du reste animer nos soldats, dans ces abris violés destinés à être un jour ou l'autre un asile de repos ou un champ de bataille pour nous ou pour l'ennemi.

———————

Soudain, des coups de feu, fort nourris, nous annonçaient que les Bulgares arrivaient sur les crêtes proches, pour entraver notre mouvement. Quelques habitants peut-être avaient fui dans la montagne à notre approche pour appeler l'ennemi, nous trahissant.

Je retournai vers deux de nos sections qui, couchées sur la pente, ripostèrent au feu, soutinrent l'attaque,

l'enrayèrent, protégeant ainsi la colonne, qui continuait sa route dans le bas.

Lorsque je pus la rejoindre, une autre colonne,
venant de Barakli, conduisait vers l'arrière un autre
convoi en contre-bas de notre position. Les deux serpents douloureux ondoyaient ainsi entre deux côtes,
se rapprochant, s'éloignant avec cette tache brune au
milieu, sombre comme un deuil, au centre des plaintes
des femmes, des voix hautes des oueds, des harmonies
basses et tristes des cloches des troupeaux, des commandements et des avertissements de la troupe, le tout
enveloppé par les innombrables échos de la fusillade.

Les deux convois rencontrèrent au fond d'un ravin,
élevèrent des plaintes plus fortes, mais doucement,
aimablement. Les deux troupes les entraînaient irré-
sistiblement vers le but désigné, les villages de Kalu-
klova et de Gradec.

Les fatigues des ânes, les caprices des mulets plus
maladroits que les chevaux arabes de quelques-uns
parmi nous, nous firent nous arrêter dans le ravin frais
et vert, au ruisseau si limpide et bruyamment gai.
Puis nous remontâmes à cheval, reprîmes notre chemin.
Le passé était oublié. Des hommes et des jeunes gens
chantonnaient et nous souriaient. Quelques jeunes
filles laissaient, de temps en temps, tomber leur châle
noir, et éclairaient de leur figure jeune et saine le
singulier paquet d'étoffes indéfinissables qui était leur
vêtement, et semblaient jouer avec les fillettes.

Le capitaine des zouaves avait pris entre ses bras,
sur son cheval, un bébé lourd, gros et béat, que la
mère n'avait plus la force de porter. Plus de plainte.

La chose nécessaire était devenue pour tout le monde la fatalité acceptée et consentie. Nous donnâmes aux hommes des cigarettes et de l'argent. Les petites Turques, qui avaient violemment fermé les portes de leur demeure sur la curiosité des zouaves, contemplaient ceux-ci, maintenant, à travers leurs châles et leurs doigts.

LA MESSE DES MORTS
(1915)

Ce matin, jour des Morts, notre sergent brancardier, un Père Blanc, dit la messe des Morts devant la mosquée, en plein air. Le temps était si beau, resplendissant et chaud, qu'une véritable joie de vivre, une joie humaine toute printanière, s'est emparée de tout le monde; et des oiseaux aussi, qui semblaient chantonner largement d'inconnues musiques.

Le sergent a préparé longuement son autel, aidé par des brancardiers. Il a ramassé des caisses dans les maisons vides du village mort, il les a couvertes d'une toile de tente, après les avoir entassées, les exhaussant à la hauteur habituelle de l'autel, à poitrine d'homme.

Puis il a sorti de sa musette les linges sacrés: de petits bouts de toile blanche immaculée, que ses mains

touchaient avec un soin infini, presque un souci, à
cause de la rudesse sale qu'elles ont contractée depuis
le temps qu'elles sont asservies aux choses violentes
de la vie guerrière. Très lentement, on eût dit en
murmurant des oraisons, il sortait le linge mystique,
il l'étalait, il l'arrangeait.

Sur une petite boîte trouvée ici, n'importe où, et
qui dominait la table improvisée de l'autel, il a placé
religieusement debout le crucifix qu'il porte toujours
sur sa poitrine, et l'a flanqué de deux bougies prises
au bureau. Ce sergent de zouaves, en khaki de nuance
douteuse et en molletières boueuses, accomplissant
l'élévation de l'autel champêtre comme en suivant un
rituel établi, nous paraissait perdu, isolé, dans une
besogne indéfinissable.

Lorsqu'il a mis sur son uniforme fatigué l'aube et
la chasuble de campagne, sorties de sa musette, le
soldat a disparu. Et l'apparition chrétienne a été si
soudaine dans le soleil que nous nous sommes tous
découverts, et d'un même mouvement les chéchias
jaunes sont demeurées accrochées aux bras baissés le
long des flancs.

La messe commençait.

————————

Celui qui la servait n'était autre qu'un légionnaire.
Un vieux légionnaire. Un mystère. D'où? Un ancien
prêtre, peut-être? Un homme venu de quel pays, à la
légion? D'une prison ou d'un cloître, ou de quelle
catastrophe d'une vie?

Et la conjonction des deux officiants, le prêtre et
le servant, était si intense, que le jour clair et lumi-

neux nous semblait rayonner une gloire mystique in-
soupçonnée, dans ce village tué par la crainte de ceux
qui s'enfuirent et ranimé par la haine armée de nos
troupes.

Au même endroit, hier, on fusillait des espions.

La mosquée, qui avait servi de prison aux con-
damnés à mort, élevait son étroit et haut minaret, si
blanc que dans le soleil il paraissait s'allumer comme
une torche pour notre messe. Le signe chrétien était
marqué solennellement au milieu du village musul-
man.

L'autel minuscule et éphémère avait renoué immédiatement un groupe de guerriers aux siècles défunts.
Des chrétiens, là, comme des croisés. Là, les trois
bouts de chiffon, ramassés aussi qui sait où, blanc, bleu
et rouge, que le Père Blanc avait posés devant le petit
Crucifix, marquaient un autre signe, annonçaient fortement une autre présence, là : la France.

Curieuse messe, qui n'avait pas pour nous l'émotion
terrible et cruelle de celle de la Chalade, en Argonne,
où nous nous plaçâmes, avec le général Gouraud, au
milieu des paquets de boue et de sang qui étaient nos
morts de la veille.

Ici les morts étaient une idée. J'avais l'impression
qu'une année finissait ici, en ouvrait une autre. Du
jour des Morts au jour des Morts. N'est-ce pas, chez
les perdus, la clé du bilan de la guerre ? N'est-elle pas,
l'année, dans le nombre de ceux que l'on retranche du
formidable tronc d'une nation, de la force mâle d'un
peuple brisée, plongée dans les profondeurs de la terre,
enfouie dans la masse inerte du sol, dans la masse de

la destruction accomplie? Du jour des Morts au jour
des Morts. Une année de guerre ne peut se mesurer
que sur le prix du sang, sur la quantité anéantie de
la puissance réelle, charnelle, musculaire, d'une nation.
Aujourd'hui une année de guerre s'est close, une autre
s'ouvre; entre les deux, il y a tous nos camarades
tombés qui ne se sont pas relevés.

La cérémonie de ce matin avait donc la valeur idéale
d'une fin et d'une continuation.

C'est pour cela que nous assistions tous à la messe
que le grand air rendait si solennelle. Tête haute, les
yeux fermés sur cette "continuation," chacun de nous,
je crois, se sentait en fonction de la grande chose collective et mortelle, pour avoir consacré ce matin sa
présence au sacrifice de la messe, simplement à ses
consanguins perdus, car il était debout sur la masse
invisible de ceux de la race.

———

Aucun temple n'est comparable, en émouvante splen-
deur, au plein air d'une riche nature ensoleillée. Tout
acte y devient immédiatement sacré, rentre dans le
rythme des choses immenses. L'étreinte d'un couple
bestial ou humain, la plainte d'un convoi désespéré,
ou la danse d'une collectivité en exultance, ou l'éclat
d'une bataille, ou l'enterrement d'un guerrier, tout
trouve dans le plein air sa grande, sa plus large vertu
templaire.

Mais ce que chaque acte suprême gagne en étendue,
il le perd naturellement en profondeur. Un temple
clos, étant un réceptacle sublime, de vibrations qui
durent identiques à elles-mêmes, accroît indéfiniment

leur puissance en se perpétuant. C'est là la raison du réconfort immédiat qu'un vieux temple peut dispenser à celui qui en franchit le seuil.

Ce matin, pourtant, l'azur du ciel, cette impitoyable limpidité du ciel ici, se fermaient sur nous, nous créaient tout autour le mur divin d'un enclos d'âmes, tant notre recueillement était profond. Sur la cérémonie, il y eut une étrange liturgie musicale. Point de la gravité d'orgues, certes; mais le canon très proche, cloche de mort, nous rappelant avec insistance que la nouvelle année des Morts avait commencé. Puis, un vol singulier de corbeaux vint se placer sur le châtaignier séculaire et formidable qui couvrait de son ombre la cérémonie. Jamais je n'ai entendu dans ce pays si riche de corbeaux, d'aigles, d'éperviers, un croassement de carnassiers aussi violent que celui de ce matin. Ils étaient innombrables. Comme en répondant à je ne sais quel appel, ils étaient venus se poser dans les branches gigantesques de l'arbre. Nous avons été frappés, tous, sans exception, par ce fait bizarre. Les corbeaux sont restés très longtemps dans l'arbre, déchirant l'azur de leurs cris terribles, posés sur nous, tonnant leur vaste tocsin, tournant en rond, secouant les branches, laissant tomber par milliers, sur nous, les feuilles mortes. Que voulaient-ils, ces charognards qui semblaient appeler à la mort? Quelles paroles signifiaient les centaines de feuilles mortes qu'ils faisaient pleuvoir sur nous, sur l'autel, sur la blancheur sacrée de l'officiant?

———————

Mais, après les corbeaux, après le canon, au moment

où le prêtre élevait et offrait le sacrifice de l'hostie resplendissante au soleil vif, chaud, le gazouillement d'autres oiseaux, des théories aimables d'oiselets, qui voletaient tout autour de nous, fut un salut presque joyeux.

Quelques-uns de nos camarades firent jouer le déclic de leur appareil photographique. Et la messe s'acheva ainsi, comme sur une apothéose pleine de grâce, et sur les paroles du Père Blanc qui saluait tous nos morts d'ici, et en particulier ceux, plus nombreux, tombés le 22 octobre à Hudovo, dans ce combat des hauteurs du Vardar qui a été le premier soutenu en Serbie par les troupes françaises et admirablement enlevé, de haute lutte, par le premier régiment de marche d'Afrique, zouaves et légionnaires.

Nous avons donné ainsi une pensée aux réprouvés. Et de cette journée de soleil presque printanier, au milieu des âpres chaînes qui dominent le Vardar, et que nous devons escalader, dompter, dépasser, à coups de combats, nous avons emporté la plus fière des impressions, quelque religion que fût la nôtre. Qu'on le veuille ou non, la guerre a renouvelé chez les hommes une soif éperdue d'idéal et de mysticisme.

Une heure d'élévation, de communion, dans les sphères supérieures à la vie, à la veille de l'attaque sur les crêtes qui nous ont été désignées pour demain 3 novembre.

ATTAQUE D'UNE MONTAGNE
(17 *novembre* 1915)

Au même moment, nos compagnies d'attaque, qui se tenaient depuis une heure aux pieds des crêtes, prêtes à l'assaut de la montagne, commencèrent l'escalade, se défilant dans les broussailles, dans le creux des rochers, lentement, sans arrêt. L'ordre reçu la veille avait ressoudé les volontés, avait composé un bloc solide d'êtres humains, lancés vers les hauteurs avec cette fatalité dans la poussée à laquelle obéit l'eau dans une pente.

Une demi-heure de silence intense. Nous grimpions avec toute notre énergie, aiguisée, vers le sommet à conquérir.

Quelqu'un glissait. Un légionnaire, un zouave, perdait pied, se laissait emporter par la descente. Seuls ses voisins immédiats se retournaient. L'un d'eux ne pouvait s'empêcher de gouailler contre le malheureux emporté:

"Arrête-toi donc. Va pas si loin!"

Et l'on avait la force de rire un peu nerveusement. L'autre était happé au passage par les survenants, se hâtait un peu, se moquait de lui-même en maugréant; puis il reprenait la montée en courant autant que se pouvait, essoufflé, pour reprendre sa place dans l'escouade.

Soudain, l'air de plomb vivant se remua en grondant. Les Bulgares nous fusillaient d'assez près, s'efforçant d'arrêter l'attaque. Où étaient-ils? Invisibles toujours, au plus haut de la crête.

Deux balles s'amusèrent. Un petit légionnaire, râblé, trapu, engoncé dans sa capote, suivait ses camarades en soutenant devant son ventre son tambour. Ses deux mains accrochées aux cordelettes, il semblait porter son inutile instrument comme un ostensoir, les yeux levés au sommet. Il apparaissait fabuleusement ventru, avec quelque chose de grotesque et de sacré dans l'aspect. Deux traversèrent la peau du tambour avec un bruit déchirant. On lui cria:

"T'es fou?"

On pensait qu'il allait battre la charge. Il regarda son tambour éventré, et ne songea même pas à la chance qui venait de la toucher d'une main de grâce. Il hurla contre l'ennemi le grand mot de guerre:

"Merde!"

La section s'arrêtait derrière un parapet naturel de rochers et suivait le feu. Le tambour décrocha de son épaule son mousqueton, se précipita en avant, et commença un feu d'enfer, pour venger son instrument. Peu à peu, tout notre front mouvant, plus ou moins abrité, ripostait aux Bulgares. Le fil téléphonique nous suivait. Les postes étaient immédiatement placés par ces équipes d'obscurs et sûrs héros que sont les téléphonistes. Rien ne peut égaler l'étrange sensation des voix, des actes, des commandements, des messages, que l'on peut attendre ainsi sur la ligne de feu encore incertaine, loin du gros des forces, en approchant à l'oreille le récepteur vaguant d'un poste à peine établi. Le capitaine d'une de nos compagnies d'attaque me parlait, de quatre cents mètres plus loin, m'annonçant sa situation et ses besoins, que je devais à mon tour transmettre à notre chef de bataillon, dont j'étais plus rapproché. Je reconnaissais bien sa voix, un peu haletante. Brusquement, j'entendis un bruit confus dans le téléphone. Une autre voix répondit à mes appels répétés, en criant:

"Le capitaine est tué!"

Elle ajouta comme dans un hommage immédiat et suprême:

"Il s'est levé, se sentant touché à mort. Il a fait face aux Bulgares, en croisant les bras, et il est tombé..."

Notre artillerie, muette pendant l'ascension, recommença à arroser la crête. Et la fusillade, ardente dominée par la sécheresse régulière et précipitée des mitrailleuses, s'harmonisait avec le bruit du canon, l'éclatement successif des obus et le déchirement strident des shrapnells, pendant que tout le vacarme se fondait en une gamme profonde et longue d'échos, et se perdait à travers les montagnes. Une fugue d'échos, étrange dans les montagnes. Un bruit qui s'allonge et se renouvelle, d'énormes cascades d'eau. Des galopades rythmées par des saccades de ferraille. La mort nous venait des airs, et de la nature elle-même, majestueuse et terrible.

Nous dûmes nous arrêter. Les Bulgares, enfoncés dans la "tranchée grecque," une tranchée placée par les Grecs, paraît-il, pendant la seconde guerre balkanique, nous brûlaient de leurs feux.

Malheureusement, notre artillerie, qui devait pré-
céder l'attaque, la préparant par l'arrosage intense
des crêtes, et la suivre en allongeant son tir au fur et
à mesure de la montée, n'avait pu écraser cette tranchée. L'ennemi nous harcelait maintenant de tous
côtés, nous inondant de son tir.

Alors, d'un coup d'aile furieux, une de nos sections
commandée par un sous-lieutenant fou d'énervement,
arrêtée devant un âpre rocher à pic, se passa le mot,
bondit sur la crête à force d'ongles, de dents, de coudes,
sous la fusillade, dans une montée rageuse et superbe.
Accrochée là, dans un repaire d'aigles, abritée derrière le roc, elle prenait l'ennemi en enfilade. Puis
elle y organisa rapidement sa défense, et y demeura,
attirant toute la compagnie, tandis que les Bulgares
çessaient le feu.

Un élan. Le régiment a gagné le combat par cet élan.

———

NOTRE RETRAITE DE SERBIE
(Décembre 1915*)*

Soudain, tout changea. Tout se précisa, dans les
actes et dans les esprits. L'ordre définitif était arrivé.
On allait sur la Grèce. Les huit mesures volontaires
et terribles qui ouvrent la symphonie en *ut* mineur de
Beethoven, celle que Schumann, dit-on, appelait la
Symphonie du Destin, eussent pu accompagner les

quelques cris, aussitôt étouffés, éclatant de partout, dans la nuit.

On s'aperçut alors que la batterie que nous soutenions n'était plus là. On sut enfin que tout ce qui pouvait rouler était déjà ailleurs. La plus grande énergie de la guerre moderne, l'implacable motrice de l'obus destructeur, était déjà si loin que l'on n'entendait même plus ce roulement nocturne, ce bruit circulaire et guerrier si singulier, qui évoque toujours le mugissement rond des vagues sur la grève.

Appendue aux crêtes, il ne restait plus là que la masse souple, agile et dure, des hommes.

L'ordre était de "décrocher" à une heure fixée, ni avant, ni après. Devant nos positions, les Bulgares cependant montraient des velléités d'attaque. On les entendit jeter leurs hourras continuels, de loin, sauvagerie inutile lorsqu'elle n'accompagne pas immédiatement l'assaut, car elle n'a que le but grotesque d'intimider. Peu après, sur un fond étrange, violemment vermeil, de feux de Bengale bien inexplicables, ou d'incendies, on vit se profiler, apparaissant immenses, quelques hommes, puis d'autres, puis d'autres. Leurs hourras redoublaient. De nos tranchées, une compagnie de zouaves et une compagnie de légionnaires les observaient sans savoir comment les accueillir.

Le téléphone précisait: il ne fallait pas accepter le combat, car il fallait décrocher à l'heure indiquée. Les premiers éléments du régiment, en effet, marchaient déjà vers le premier objectif de la retraite. Puis, le téléphone aussi se tut. Le commandement du régiment était parti. Et les Bulgares paraissaient enfin déclencher l'attaque, sortir en masses des tranchées, pousser l'assaut.

Il manquait vingt minutes à l'heure où il fallait commencer à évacuer les positions, si l'on voulait rejoindre le gros! Fuir? Nul ne le voulait, et, du reste, cela n'eût abouti à rien. Le chef de bataillon regardait sa montre aux lueurs extraordinaires de l'ennemi, et celui-ci approchait. Tous les hommes ondoyaient, haletant entre la nécessité et l'envie de tirer, et l'ordre de ne pas bouger. Une inquiétude alourdissait tous les cœurs. Allait-on subir le choc, se laisser envahir? Notre silence semblait encourager et à la fois retenir l'ennemi. Il apparaissait de plus en plus intensément noir, et plus nombreux, sur les clartés hautes, rouges et sinistres.

Alors, un sergent légionnaire, saisi d'un véritable délire épique, bondit sur le parapet, se redressa, et ouvrant sa capote comme pour s'agrandir, face aux Bulgares, entonna violemment le refrain de *la Marseillaise*. Sa voix déchaîna les voix. Tout le silence observé jusque-là éclata dans un grand souffle hurlant et chantant. Nos hommes se dégageaient avec fureur du manteau d'immobilité, générateur d'une sorte d'atmosphère de crainte, qui leur était imposé. Nos deux tranchées jetèrent ensemble à l'ennemi le fier refrain. On en scanda le rythme en lançant quelques grenades, tandis que les hommes se renvoyèrent des cris de "Vive la Légion! Vivent les zouaves!" tels que les grands feux rouges baissèrent et s'éteignirent, et l'on entendit plus rien de l'ennemi.

Alors, deux ou trois hommes, très sûrs, par tranchée, reçurent la mission de tirer n'importe où, mais aussi rapidement et régulièrement qu'une mitrailleuse en en imitant au moins le bruit. Les autres, bondissant en arrière, s'écoulaient pendant ce temps un à un, lames minuscules de la marée descendante, vers le gros du régiment en marche dans la plaine.

ADIEU, SERBIE

(Décembre 1915)

Point de guerre de tranchées et de boyaux. Point de lutte, point d'éclosion de cette énergie d'attente et d'attaque qui est la sécurité puisée dans le giron même de la terre, d'où ne sort que le canon du fusil pour diriger la mort, et le corps pour l'assaut. Non. De crête en crête, par les ravins, par la plaine.

Sur la plaine entre le Vardar et Bogdanci, à hauteur de Guevgheli, nos troupes, en échelons d'escouades, continuaient à ouvrir des vides dans le cercle de l'ennemi. Les ordres de se replier le plus rapidement possible vers la frontière se suivaient dans nos colonnes, mais s'arrêtaient devant les chemins que l'ennemi occupait ou tenait sous son feu.

On avait cru que nous nous rencontrerions avec la division de la Cerna. Mais nous étions bien seuls. Aussi, on nous communiqua confidentiellement, mais officiellement, la nouvelle que nous devions couvrir en arrière-garde la retraite des derniers éléments de la dernière division de Serbie, et nous étions bel et bien cernés. L'heure était si grave, que je crus, de mon côté, devoir en prévenir mes hommes, si froidement vaillants, quoique constamment grognant, depuis tant de jours et de mois.

Il y avait parmi eux des jeunes gens et de vieux zouaves, de France et d'Afrique, des Bretons, des Normands surtout, volontaires dans le corps d'attaque qui était le nôtre, et des Tunisiens déjà vétérans du front de France et de celui des Dardanelles.

Je passai devant leur ligne, pour augmenter leur confiance, pour leur donner une impression de calme absolu que, en réalité, je n'avais nullement. Un peu en contre-bas, entre mes zouaves et la ligne ennemie, j'entrevoyais en même temps le canon de leur fusil, aiguisé dans la baïonnette, et leur visage: les éclairs de l'arme et ceux des yeux. Je m'adressai mentale-ment surtout aux plus âgés, aux "pères de famille," tout en chiffonnant dans mes doigts le message reçu.`

"Mes amis! On nous communique que nous sommes cernés. La route de Guevgheli est coupée. On ne s'y bat même plus. Mais nous avons l'ordre de tenir coûte que coûte, car nous devons faire gagner du temps aux autres. Notre régiment a l'honneur de former l'arrière-garde de toute l'armée qui se replie, comme il fut le premier au choc des Bulgares le 22 octobre. Il y a le Vardar derrière nous. A la dernière minute, si l'on nous pousse, nous pourrons nous jeter dans le fleuve, plutôt que de nous faire prendre prisonniers."

J'étais exalté par la situation, et ému. J'attendais avec angoisse la réponse que ces hommes, disciplinés

au feu, souvent héroïques, allaient me donner. Par
leur attitude sur les différents fronts, et par leur extrême fatigue à présent, ils avaient même le droit d'être
désespérés.

Non pas.

J'eus un sanglot, lorsque je les entendis crier, l'un
après l'autre, et tous ensemble:

"Le Vardar? Pas de Vardar! Qu'ils viennent! On
est là! On est là!"

Ils criaient pour se donner du nerf. Ils s'en donnèrent.

Notre bataillon était échelonné sur une ligne de
plaine et de mamelons, entre le Vardar et Bogdanci.
L'assaut que nous avions livré contre ce village, ap-
puyés par la dernière batterie de 65 de montagne qui
restait avec nous, avait réussi à nous assurer une position qui ne devait pas nous servir, mais qui dérouta
des forces considérables acharnées à couper la retraite,
et nous donna des prisonniers.

Tout à coup, la fusillade se ralluma devant nous, et
de tous côtés. On entendit encore crier: "Hourra!
Pet-na-noch! Cinq à la baïonnette!..."

Une de mes patrouilles, commandée par un caporal
aimé par tous les hommes, était engagée trop en avant,
et en rentrait sans son chef. Le lieutenant de la section
demanda des volontaires pour aller chercher le blessé.
Deux hommes s'avancèrent, partirent, purent le ramener de quelques mètres vers nos lignes, mais ils
tombèrent aussitôt tous les deux. D'autres volontaires
s'offrirent, ils purent nous apporter les trois blessés.
Le caporal était touché à la poitrine. Il appelait un

autre caporal, un Père Blanc des Missions africaines.
Se sentant mourir, il voulait lui dire ses derniers désirs.
Il suppliait ceux qui voulaient le ramener en arrière :
"Laissez-moi. Ne vous faites pas tuer pour moi.
C'est inutile, désormais. Envoyez-moi le caporal H..."
   Mais le Père Blanc demeurait impassible derrière
son escouade dont il surveillait le feu. Son lieutenant
l'interpella.
   "Dites, H..., le caporal A... vous appelle, il est
peut-être mourant..."
   Il riposta:
   "Mon lieutenant, je ne puis laisser mon escouade...
La patrie d'abord, la religion ensuite..."
   L'ennemi se dispersait. Tout ce qui restait de fusils
sur la ligne tirait avec une activité folle, et touchait
son but, copieusement. Nous étions assez loin pour
jeter nos dernières grenades, ou pour nous élancer une
fois de plus à la baïonnette. Mais le feu adverse ralen-
tissait, partout, et les ombres de l'ennemi se profilaient
au loin, fuyant derrière les mamelons.
   On demeura là, en attente, encore, pendant que les
unités s'en allaient comme elles le pouvaient, chacune
se frayant son passage. Le cercle ennemi était en
réalité brisé. On ramena en arrière nos blessés; mais
presque tous les postes de secours malheureusement
avaient suivi le gros du régiment qui s'était déjà
écoulé vers la frontière, et on ne put que les embarquer sur deux ou trois voitures d'ambulance égarées
là, chargées d'hommes et vraiment reluisantes de boue
liquide et de sang aux rayons vermeils du soleil qui
se couchait au delà du Vardar.

Et nous attendîmes sur place, blottis dans la plaine marécageuse dont les milliers de flaques brillaient comme des flaques de sang, ainsi que tout le Vardar du Nord au Sud.

Les marais! Les marais! La boue hivernale, dont les combattants du front français ont gardé longtemps l'obsession, n'est en rien comparable à la perfidie des marais macédoniens. Ce sont les grands foyers d'été de la mort bête, les lamentables creusets de la fièvre mauvaise. Et l'année entière, ils gardent, sur presque toute l'étendue de cette terre de guerres, le guet-apens mortel.

Lorsque le dernier messager apporta à mon bataillon l'ordre de la retraite finale, le devoir de s'en aller, enfin, sans plus accepter le combat, notre intolérable fatigue s'écrasait dans les marais de Gjavato, le long d'un fossé fangeux.

Avant la fin du jour, pendant que la lutte continuait sur les dernières crêtes, nous avions été ensanglantés par le coucher du soleil d'au-delà le Vardar. La Division était en Grèce déjà, peut-être. Nous sûmes, ensuite, qu'à Salonique on la croyait anéantie, et qu'elle aussi nous croyait encerclés et détruits.

Le commandement et quelques unités du régiment avaient disparu par delà les lumières du fleuve. La nuit vint. Toutes les hauteurs, si belles à l'heure où la chair de la terre devient rose, puis livide, puis s'éteint, nous envoyaient encore du plomb sifflant et ardent. L'ennemi s'était arrêté dans sa poursuite, mais continuait à prolonger sa force dans l'ombre envahissante, nous cherchant avec sa haine, avec ses balles de fusils

et de mitrailleuses. Nos prisonniers nous avaient bien
dit que trois régiments étaient placés sur le chemin
que nous devions parcourir, jusqu'à la frontière, tendant
sur nos flancs les filets d'une suprême embuscade. Et
nous n'étions plus qu'un bataillon d'arrière-garde, fort
réduit.

Je demandai au prisonnier qui m'avait intéressé le
plus, un instituteur macédonien, jadis étudiant à Paris
et à Gand:

"Mais pourquoi les Bulgares nous poursuivent-ils
avec un tel acharnement, puisque nous nous en allons?
Et si vraiment cette guerre n'est pas populaire chez
eux, pourquoi la font-ils avec tant d'âpreté?

—Pour le tzar! Za tzaria!"

Je me rappelai que la même réponse m'avait frappé
à plusieurs reprises, pendant la campagne. Une phrase
courte, nette, d'une résignation à la fois humble et
farouche.

Avant que la nuit fût complète, nous vîmes une
estafette arriver à bride abattue, venant du Sud. Que
nous portait-elle que nous ne sûmes déjà? Nous devions rentrer les derniers. Nous attendions l'heure
fixée, neuf heures du soir, pour repartir après avoir recueilli dans notre colonne tous les éléments dispersés
par les combats du jour, tous les isolés que le hasard
pouvait encore pousser là.

Cependant le messager venait droit à nous, après
avoir longé le Vardar. Il devait traverser la route de
Gjavato, où le feu ennemi avait concentré toute sa
fureur, la balayant sans cesse. Soudain, le cheval
commença à disparaître devant notre vue, entraînant

le cavalier. En quelques secondes, sur le fond em-
brasé de l'Ouest, une ombre, qui paraissait grandir
bien au delà d'un corps humain, s'agitait, avant de se
fixer dans le geste désespéré et inéluctable de tous
les naufragés: les bras tendus au ciel, comme pour
accroître sa taille, comme pour s'accrocher à l'air.
Rapidement, la vision s'évanouit. Le marais invisible,
complice de la haine des hommes, avait englouti sa
victime.

Aucun de nous ne sut trop s'émouvoir. Et non
seulement à cause de l'égoïsme absolu de la guerre,
formé dans la pratique de la mort, et qui crée la sublime indifférence, mère des actes les plus bas et à la
fois les plus beaux; nous étions en réalité dans un tel
état de mutisme moral et physique, que nous eussions
accepté sans nulle réaction possible toute sorte de
situations: l'ordre de chercher à nouveau l'ennemi, de
l'attaquer, aussi bien que celui de fuir. L'estafette dont
le marais profond du Vardar avait clos le tombeau
n'eut pour son agonie et sa mort que des regards
atones, un chœur d'esprits vagues que seuls domi-
naient une ou deux pensées élémentaires.

Et je subissais avec une cruelle persistance le souvenir d'un zouave en délire qui, blessé et couvert de
sang, s'amusait à forcer un biscuit de guerre dans la
mâchoire arrachée d'un ennemi mort...

Les dispersés arrivaient continûment. Notre nombre
s'était déjà accru de la batterie de montagne qui avait
perdu son chef, blessé; de trois ou quatre compagnies
appartenant aux différents régiments de la division,
de quelques cavaliers égarés, de quelques blessés qui

avaient pu se traîner. Deux parmi eux, la tête cou-
verte de mouchoirs et de morceaux de toile de tente,
sales de sang et de boue, nous étaient arrivés calmes,
lents, emmenant entre eux un prisonnier, blessé comme
eux, muet et paisible comme eux.

Notre retraite devait s'effectuer ainsi dans une atmosphère mouvante de demi-sommeil, d'extrême torpeur.

Pour la dernière fois, notre commandant avait atteint, à cheval, les entrées du village, pour ramasser
les derniers arrivants. Selon toute vraisemblance, il
n'y avait plus un seul Français, libre et debout, derrière nous. La colonne, devenue vingt fois plus nombreuse que le bataillon, pouvait partir, vers la frontière,
prête au combat nocturne que tous les prisonniers
nous annonçaient. Le bataillon se forma en arrière-
garde. Et il se trouva que ma compagnie eut l'honneur d'être désignée en extrême arrière-garde, couvrant
ainsi, en tout dernier élément, la retraite des Alliés.

Cependant, la fusillade ne cessait pas. Mais où?
Comment? Nous n'entendions plus siffler les balles.
Le bruit était pourtant dans l'air, les coups se succé-
daient bien par saccades de salves, par cascades de
tirs à volonté, par étirements de balles solitaires. D'où
tirait-on? Et contre quel objectif? Des bruits confus:
de marches précipitées, de cavalcades encore lointaines, se révélaient par à-coups à notre esprit affaissé
dans la chair lasse. Mais où était donc l'ennemi?

Quand la nuit devint tout opaque, et que le brouillard
nous enveloppa de si près que nous nous voyions vraiment emprisonnés le long de la ligne de la route, à
peine visible, nous nous aperçûmes vaguement qu'il n'y

avait plus de fusillade depuis assez longtemps. Nos oreilles seules en avaient gardé le souvenir un peu hallucinant, et nous croyions l'entendre encore.

Le bruit des marches et des cavalcades, nous venant par souffles, était en réalité celui qui vibrait, fort dans le soir dense, le long des poteaux télégraphiques, où nous ne savions pas quelles paroles passaient, amies ou ennemies, et que nous n'osâmes abattre.

L'hallucination, après le combat. Tout combattant la connaît. Elle a des formes innombrables, toujours surprenantes. Le commandant nous annonça très simplement:

"Ils auraient pu vingt fois nous couper la retraite. Ils ne l'ont pas fait. Nous partons."

Et nous nous mîmes en marche ainsi, lentement, silencieux et indifférents, après avoir grignoté des grains de maïs rôti, qu'un "cuistot" héroïque avait su préparer quelque part. Tout nous semblait maintenant fort naturel, rien n'eût pu étonner nos volontés assoupies. Un commandement, n'importe lequel, semblait être attendu par ces guerriers harassés, devenus d'une docilité inconcevable, tant chacun est heureux d'un ordre qui le conduit comme on conduit un aveugle par la main.

Ma dernière demi-section, baïonnette au canon, couvrait la retraite, et je marchais derrière eux, sentant mes zouaves si las, qu'ils auraient pu s'endormir en marchant. J'avais la conscience vague de les pousser, en leur chuchotant des paroles vagues et sans suite, de temps en temps. Une grande lueur rouge éclata loin, à notre droite. Elle éclaira le Vardar, l'imprécis

minaret d'une mosquée perdue dans la plaine marécageuse, et l'oued à notre côté. Plusieurs parmi nous
parurent se réveiller en un léger sursaut, et murmu-
rèrent assez indifférents:

"Guevgheli est en flammes..."

C'était vraiment notre brûlant adieu à la Serbie.
A la gare de Strumnitza, au poste de ravitaillement de
Smovika, ailleurs aussi, on avait fait un magnifique
flambeau de tous les impedimenta. Ni nous, ni ce
qui nous appartenait. L'ennemi ne devait pas s'enor-
gueillir d'un riche butin. Nous jetions, de lieu en lieu,
notre carte de visite d'adieu: un foyer incendié.

On poursuivait la marche, l'esprit endormi; les
oreilles aux aguets, pourtant. Des ombres se mon-
trèrent le long du chemin, se levant à notre approche,
se mêlant à notre masse. Ce n'était pas l'ennemi.
C'étaient quelques compagnies d'un régiment de notre
division, échelonnées là pour nous aider si vraiment
l'on nous avait tendu l'embuscade finale dont parlaient
les prisonniers. Un de ces derniers, l'instituteur macédonien, était devenu mon compagnon de route. Il avait
la tête bandée d'un bandeau tout humide de sang.
Il m'avait demandé la permission de rester le dernier,
à côté de moi. Il me parut triste et sincère, sa présence me plut. Il était très affaibli et muet, mais sa
démarche ne fléchissait pas, sûre et droite. Je ne le
surveillai plus.

Nous marchâmes ainsi, de pair, au milieu du cercle
étroit de l'horizon nocturne tout sombre d'un lait noirci,
parmi les formes de la nuit, qui apparaissaient d'une
incroyable simplicité inaccessible. En réalité, on ne

voyait d'autre clarté certaine, que soi-même. Le pit-
toresque d'un paysage, c'est-à-dire son unité dans la
variété, son style, n'est plus que le jeu de trois ou
quatre lignes simples, quelques masses horizontales
et verticales, distinguées par leur degré d'opacité, et
c'est tout. Et, sur toute chose, la voûte du ciel, une
voûte d'acier clair, fantômal, fatal. Partout, un grand
silence, hors la cadence ouatée, mais profonde, de nos
pas, venant à notre perception comme de la terre
même. On se sentait vraiment devenu un élément
charnel de la nuit.

Cependant, on semblait percevoir de temps à autre
quelques bruits humains, une sorte de rappel social.
Les uns se disaient, en se parlant:

"Tiens, le train…"

On croyait entendre, très loin, le canon qui nous
voulait encore, peut-être. Non, nous n'étions plus là,
sur les pitons, sur les coteaux, cachés dans nos trous
de cavernes pendant les bombardements, prêts à mettre la tête dehors et à commencer la fusillade si l'ennemi faisait mine de nous donner l'assaut… La manœuvre de toutes les troupes avait été si bien réglée,
aidée aussi par l'état de l'atmosphère, que l'ennemi ne
pouvait plus nous trouver devant ses fusils.

Malgré nos pertes, nous lui échappions, enfin. De
temps en temps, au hasard de la marche, nous voyions
loin, en arrière et des côtés, quelques clartés illumi-
nant l'air laiteux: les villes des soldats brûlaient, les
villes éphémères de toile que la guerre fait créer et
détruire partout et sans cesse, les foyers sans lendemain. Des clartés rondes dans la nuit, quelques pin-

ceaux de lumière dans l'air, quelques noyaux scin-
tillants sur la terre, quelques étranges figurations
architecturales de brouillard nuancé. Mais chaque
clarté n'était plus la révélation d'un groupe d'hommes
bivouaquant, d'une énergie mâle, assoupie ou vigilante,
une et multiple, de destruction consentie. C'étaient
nos postes de l'arrière qui continuaient à flamboyer.

Et nous marchions, suivant notre ligne qui nous
parut vite interminable, passant dans une succession
de cloches oppressantes de brouillard. Pendant les
rares et courtes pauses, on se laissait aller, assoiffés, la
face contre l'herbe rafraîchissante, frêle et parfumée,
sans se soucier de la boue, lorsque le sol marécageux
nous l'accordait.

On marchait. Chacun, tête rentrée dans les épaules,
courbé, atrocement las, son ultime trésor sur le dos,
suivait l'ombre de l'homme qui le précédait, n'ayant
que le souci tout automatique de passer exactement
où l'autre passait. L'attention du suivant s'accrochait
n'importe à quoi, au métal visible d'un bouton de la
capote du précédent, au bruit de la gamelle sur le sac
ou du "quart" sur une boucle, et continuait son chemin, tiré ainsi en avant comme par un lien solide.
Devant moi, deux bras longs se tendaient vers la nuit,
deux choses tristes et raides de squelette, comme si
un homme emportait sur son dos un squelette géant:
c'était un brancard, sinistre dans l'ombre qui bougeait.
Plusieurs dormaient, en marchant. Dormaient et rê-
vaient, murmurant des paroles vagues, où je pus dis-
tinguer parfois cela: "Serbie…Grèce…" Une masse de
chair humaine moutonnant dans les ténèbres claires.

A plusieurs reprises, la colonne eut un sursaut, se débandant un peu. Des côtés de la route, les regards avaient été attirés par des monceaux de pain, ou de sacs de farine ou de boîtes de "singe," jetés là par les services de l'intendance, qui s'en allégeaient pour faciliter leur retraite, ou pour en faire profiter les dernières troupes. Mais la marche écrasante reprenait aussitôt.

Mon esprit s'abandonnait aussi. A peine j'eus conscience de ce que mon prisonnier me chuchota à un certain moment. Il me dit: "Nous voilà bientôt à la frontière grecque."

J'eus un petit bond d'émotion. Nous quittions la Serbie. Une pensée précise s'éclaira en moi, étrange comme une lumière éclatant tout à coup dans une chambre mortuaire. Elle m'étreignit, se répétant comme une mélodie élémentaire obsédante. Elle était romantique, quelconque et populaire: "Adieu, Serbie infortunée, trop petite pour ta grande âme…" Et cette phrase me poursuivit pendant un temps, puis s'évanouit dans les fumées de mon cerveau. En passant le petit pont de bois du Cinarli, je me redressai dans l'orgueil vain et tout littéraire d'être le dernier, le tout dernier homme de toute l'armée alliée à quitter le sol serbe. Et je lançai, inutilement du reste, sur le pont, les dernières grenades qui me restaient.

Emile Henriot

LE GRAND TERRAIN
(*Mars* 1915)

Singulière chose que cette vie militaire, toute physique, si nouvelle pour moi, absorbant tout l'être, l'as-
sujettissant, par des soins mécaniques, cet enchaînement
d'ordres et d'obéissance continus, cette sujétion... Et
en même temps, sous cette calotte de plomb, cette règle
monacale, l'être moral reste vacant, et facilement se
développe, se meut, toujours en activité. Au pansage,
où je frotte, des heures,—deux heures, trois heures de
suite,—et lisse le poil de ma jument, je pense à autre
chose,—on peut penser. Le corps est occupé, mais
l'esprit libre; des idées me tracassent, des souvenirs,
des espérances. J'échappe à moi-même; j'assiste en
spectateur à ma propre vie, et tout me semble si dif-
férent de valeur, tout ce que j'aimais si loin, si extérieur
maintenant! Est-ce la gravité du cataclysme qui nous
emporte: tout paraît plus sérieux. Je pense aussi souvent que mes jours sont peut-être dès maintenant limités,
comptés; que je puis être tué, dans quelques semaines,
et que revenir de là-bas, c'est en somme une chance.
Mais ceci ne m'arrête pas. Parfois je regarde mes cama-

rades assemblés dans la cour, si allants, si gais, si in-
souciants, parce que l'imagination ne les étouffe pas;
et je me demande combien d'entre eux seront vivants
dans un an. Un fatalisme consolateur me fait accepter
sans horreur, par avance, ce qui doit être. Nous ne
sommes pas maîtres de la vie: ce ne sont que les circonstances accessoires que notre volonté modifie ou
peut modifier. La grande ligne nous est imposée. Par
qui? Par quoi? Mystère. C'est ce mystère qui me travaille. Mais en vain, de raisons trop lointaines. L'important, l'essentiel, ce que l'on aperçoit de plus proche
et de plus immédiat, à quoi il faut obéir: c'est le devoir
immédiat et sans détour, la patrie, la beauté du sacrifice pour une idée, des idées, des forces morales, l'honneur, le dévouement, quelques mots majuscules. Et que
le monde est beau! Est-ce donc qu'on va le quitter?
C'est le printemps aujourd'hui. Sous un ciel adorable,
ce matin, en revenant à cheval du grand terrain de
manœuvre, un ciel bleu partout, et si pur, j'ai vu le
premier arbre en fleur: une branche sans feuille encore,
et noire, mais chargée d'une grappe blanche. O nature
cruelle! Et l'on se bat! Cette grappe blanche évoque
pour moi tant d'autres printemps si doux: Nesles, au
début d'avril, le nuage vert sur ma colline, le Lavandou
et ses eucalyptus; des petits villages secs dans la campagne poudreuse, avec leurs toits de tuiles plates, assez
pareils à ceux de ce pays-ci...

Dans l'ennui de cette vie si quotidienne, il y a une
joie pour nous tous: quand il fait beau, le travail à
cheval sur le grand terrain. Quels jolis tableaux militaires j'y ai enregistrés, tous ces matins! Une vaste

étendue, l'herbe molle et piétinée. Les petits monti-
cules de la butte de tir s'élèvent, à l'autre bout du
champ. Là-bas, ces points noirs, régulièrement espacés,
ce sont les tireurs; quelques coups de feu, comme des
claquements de fouets, comme les coups de fusil d'une
battue, à la chasse, l'hiver. Plus loin, des cavaliers forment un vaste cercle, où ils trottinent, pantalon garance
et bourgeron de toile, sur une piste idéale, marquée
par des fanions rouges et bleus. Au centre, l'officier
ou le gradé. Par moments, quand notre peloton se
rapproche, le vent nous apporte un peu de sa voix:
"Partez au trot... allongez... allongez jusqu'au galop...
Des jambes... des jambes... sacrebleu!" Ou bien des
commandements pour le maniement d'armes: "Sabre...
main!" Et sur le mot "Sabre!" tous les hommes d'in-
cliner la tête vers la gauche, d'engager le poignet dans
la dragonne, de tirer un peu la latte du fourreau; puis
à: "Main!" toutes les lames de sortir brusquement de
leur gaine de métal, le cavalier dressé sur ses étriers,
le bras étendu dans toute sa longueur, et, sous le soleil
clair, l'étincellement brusque de ces minces aciers, tour-
noyant, s'élevant, s'abaissant, pointant ou sabrant dans
l'air un invisible et imaginaire ennemi; ou, moins noble-
ment, d'extravagants mannequins de paille suspendus
à des chevalets.

Ailleurs, c'est un autre peloton, formé en carré mo-
bile, avec de larges distances entre les rangs, de larges
intervalles entre les files, pour habituer hommes et
chevaux à se conduire avec aisance, au commandement.
Un autre peloton passe, en bataille, au galop; un autre
saute, par rangs de quatre. Quand ils passent près de

vous, les chevaux font retentir la terre de leurs sabots qui, derrière eux, en projettent des mottes, brusquement arrachées par le galop dans le sol meuble. Une vapeur blanchâtre les environne, et quand ils s'interposent entre le soleil et vous, ils font sur l'horizon une découpure singulière d'ombre chinoise, enveloppée d'ouate. Parfois, du peloton, on voit un cavalier en difficulté qui sort, ou plutôt est sorti par son cheval. L'animal pointe, ou rue, ou se traverse; l'homme "n'a pas la bonne pose," le voilà par terre, et tandis qu'il se ramasse, sans grand mal la plupart du temps, le cheval de prendre du large, la crinière au vent, avec les belles et élégantes allures de l'animal en liberté, pendant que le bonhomme court après. Il payera un cigare à ses anciens, quand il rentrera au cantonnement ou au quartier: il n'y coupera pas.

MON RÉGIMENT

(24 juin 1915)

Un bruit de cavalcade, sur une route dure, au loin... Elle se rapproche. Bientôt, on entend plus distinctement la cadence d'une troupe au trot, les fers martelant le sol. C'est le régiment. Il s'arrête à l'entrée du village. Les gardes d'écurie sortent en courant, balançant leurs lanternes. Et à ces lumières vacillantes, tandis que des commandements brefs volent dans l'obscurité, je découvre *mon* régiment, et dans mon régiment, *mon* escadron. Dislocation. Les hommes sautent de leurs chevaux, les mènent boire. Je les considère. Quoi! des dragons, ces êtres étranges? Pour un "cavalier" qui sort du dépôt, qui s'attend à voir "des dragons," il faut avouer qu'il y a de quoi être surpris. Ces hommes… Quelle impression rude et superbe!… Couverts de boue, courbés en deux, le calot enfoncé sur les yeux, le manteau chaussé, la carabine au dos, la musette, la gourde, —sans casque, ni sabre, ni lance… Et quel air las, d'hommes exténués!… Je comprends aussitôt que mon imagination est en faute. Depuis des mois je pensais à la guerre. J'en avais vu les horribles traces, parfois toutes fraîches, comme sur l'Ourcq, en septembre 1914, au lendemain de la bataille. J'en avais imaginé les horreurs, le sublime, le tragique quotidien, mais je n'avais pensé qu'à l'exceptionnel. J'avais prévu l'héroïsme, non la fatigue; j'avais prévu le sang, oublié la boue. La réalité qui me frappait si vivement, ce soir d'arrivée, je ne l'avais pas "réalisée" dans mon esprit. Encore, toujours, cette impression déjà perçue par ailleurs, mais ici, impérieuse, d'une vie héroïque, dure et sale, d'un effort immense et toujours pareil, continu, de tous les jours, de tous les instants, aveugle, limité à lui-même…

Un quart d'heure après, les chevaux rentrés, tout l'escadron dispersé dans les pelotons, les pelotons dans les escouades, ces hommes étaient assis, et devant la soupe chaude qui les attendait, détendus soudain, retrouvant leur jeunesse joyeuse, avec des rires de guerriers à jeun, ils se mettaient à chanter, à parler, tous à la fois; ils se reprenaient à vivre, racontaient aux autres

ce qu'ils venaient de faire. Ceci, très simplement, sans
aucune forfanterie, en gens habitués à ces sortes de
choses; et ils riaient, en en parlant, et déjà, comme des
enfants, s'amusaient au récit de leurs peines passées.—
Ils sont restés six jours là-bas, devant un bois, couchés
dans la boue et les herbes, se tenant le jour à l'abri des
balles; la nuit, attaquant et reconnaissant. Perrin, le
sous-officier, frère de mon jeune camarade avec qui
j'arrive, a été remarquable. Malgré les circonstances
les plus difficiles, il est entré dans le bois boche, y est
resté, sous le feu, vingt-quatre heures, avec ses hommes,
à dix pas de la tranchée ennemie, au fond d'un ruisseau.
Et puis en plein jour, pour la deuxième fois, il est revenu, traversant à découvert 800 mètres de plaine, à
plat ventre, canardé avec sa petite troupe par Polyte,
tireur de précision, qui, d'un arbre où il observe nos
mouvements, vise à 600 mètres un homme qui rampe,
et fait mouche. Les cyclistes de la division ont enlevé
un blockhaus à la baïonnette. Perrin a eu plusieurs
blessés, deux morts. Quel instinct soudain, involontaire,
me fait m'imaginer, moi, vivant, si joyeux de vivre,
dans l'un d'eux?—A deux heures, fourbu, je m'enroule
dans mon manteau et me couche dans la paille, sur
mon sac jaune, où je dors, admirablement.

LA PATRIE

(7 juillet 1915)

Ah! que ce peuple voulait peu et aime peu la guerre, où il excelle quand on l'y force! Qu'est-ce qui m'anime, moi, infime, point fait pour la guerre, et tels, ou tels, pareils, à qui je pense? Qu'est-ce qui nous fait trouver à cette heure un fusil aux mains, rêvant de carnage, si ce n'est un immense amour?... L'amour de tout ce que nous avons laissé derrière nous, douce vie laborieuse, amicales maisons, villages enfouis dans la verdure, visages tendrement chéris!... Ah! que de souvenirs! que de rêves, de bonheurs, de regrets, de plaisirs, même non eus, mais espérés seulement,—derrière nous, et plus loin soudain, et plus loin maintenant davantage, de jour en jour! Nous avons tenu le bonheur dans nos mains, sans le savoir: c'était du temps de la paix charmante. Qu'il était fragile! Nous ne le connaissions pas. En rêve, ma pensée m'emporte sur l'aile des souvenirs heureux. Vais-je faiblir, pour une lettre, reçue ce matin, et qui soudain m'a ramené vers ce qui n'est plus? L'esprit vogue, ballotté—au delà de la terre, plus loin—je ne sais vers quel Dieu inconnu, quel infini, où il cherche à se raccrocher dans ce grand naufrage, dans cette grande ruine de toutes les idées... Tout est à refaire, à reprendre, à reviser, à recommencer.

Et cependant, j'ai une certitude, une seule. C'est que je suis bien à l'endroit où je suis et où je dois être; et

en dépit de toutes les angoisses, cette certitude procure
une absolue sérénité. Que les astres s'entre-choquent
au-dessus de ma tête, je fais ce que je dois, et ma conscience est en repos. C'est un grand bien. Et c'est à
elle que je dédie chaque jour la peine ou la souffrance
qui m'échoit. J'ai noté que, si grande que soit la souffrance physique,—froid, faim, fatigue, ennui,—après
une longue marche sous un chargement lourd, par exemple, cette souffrance s'évanouit dès qu'on s'arrête
pour souffler ou se reposer; et on la bénit alors, et on
la trouve bonne et juste, puisqu'on a pu la supporter,
et qu'on l'a supportée pour quoi? Parce qu'elle sert à
quelque chose, qu'elle est utile, et utile à cette entité
qui n'est, en somme, que l'ensemble de toutes les choses
visibles et invisibles que nous aimons le plus au monde:
la patrie.

UNE BONNE ANGINE
(9 *juillet* 1915)

Je me suis endormi très tard, hier soir, poursuivi
par mes souvenirs. Ce matin, je me réveille cloué
à terre, rompu de toutes parts, la tête en feu, la gorge
gonflée. Une bonne angine. Je souffre le martyre,
la fièvre m'abat, je puis à peine bouger. Je passe la
journée sous un soleil de plomb, suant et grelottant,
dans mon manteau. Des avions se canardent au plus

haut du ciel, et tout autour de nous retombent les
éclats des projectiles qu'on envoie aux Boches. Veho
toujours bombardé, avec une extrême violence. Que
veut dire?

Vers huit ou neuf heures du soir, un coup de fusil,
aux avant-postes. Puis deux, puis trois, quatre, dix...
Tiens! Tiens! On dresse l'oreille pour découvrir d'où
cela vient. Peut-être une patrouille? Non, voici que le
bruit continue et enfle. On entend des cris confus, on
ne sait quoi. La fusillade croît, générale maintenant,
incessante, nourrie, dominée par le roulement compact
des feux de salve. Des balles sifflent, piaulent, en tous
sens au-dessus de nos têtes. Quelqu'une, plus basse,
entre en terre, avec un choc mat. Les feux de salve
jettent de courts éclairs pâles, en avant des lignes.
Puis le canon s'en mêle. On comprend: l'ennemi attaque, à l'improviste, lançant son infanterie contre nos
lignes, pour répondre à notre coup de main de l'autre
jour; mais, dans l'espoir de nous surprendre, il a dé-
clenché son attaque sans préparation d'artillerie, dès
que la nuit a été assez sombre. Nos petits postes, aux
écoutes en avant des lignes, comme une série d'anten-
nes avancées sur l'inconnu, ont donné l'alarme, puis se
sont repliés. Le 75, de toutes parts, derrière nous, élève
un barrage formidable devant le Rémabois. Je cours
au lieutenant P... Il est aux tranchées. J'y descends.
La tranchée est parée comme un navire, tout le monde
aux créneaux. On attend. La fusillade dure une heure,
plus peut-être. Boucan du diable, assourdissant, et dans
tous les tons, du grave à l'aigu. Fusillade, canon. Canon,
fusillade. On ne voit rien. Il fait très noir. Lueurs des

éclatements, en tous sens, ouvrant sur le ciel une porte
de feu; autour de ce feu rapide, on aperçoit la nuée
blanche des shrapnells. De temps en temps, une fusée
allemande illumine l'ombre, jetant une éclipse de nuit
sur le champ de bataille: molle, lente, gracieuse, un
peu lourde, petite boule brillante qui éclaire le ciel, le
sol et la nuit pendant une trentaine de secondes, révé-
lant la plaine indécise, un arbuste, un réseau de fil de
fer et, là-bas, des formes vagues d'hommes courant...
Je me rends compte que l'attaque, incertaine, commencée à la hauteur de notre escadron, a glissé sur notre
droite, où est le 3e, et de là plus à droite encore, pour
se développer de tout son poids sur l'infanterie qui nous
flanque. La fusillade se déplace, dure encore, forte,
mais moins nourrie, moins intense. Peu à peu elle s'at-
ténue, s'éloigne; on recommence à compter les coups
isolés. Seuls nos canons continuent à taper dans toutes
les directions, à droite, à gauche, devant nous, longtemps
encore. Calme.—Le lendemain j'ai appris que l'attaque
menée par un bataillon tout entier contre nos lignes
avait échoué. Je tombe de fièvre et d'épuisement. Je
ne tiens plus debout. Le lieutenant me renvoie, dans
la nuit, au cantonnement, par le chariot qui a porté la
soupe, et s'en retourne, chargé de pioches et de pelles,
sur quoi je m'étends. Cahoté, sur ce lit d'acier, secoué
par la fièvre, nous passons, en partant, dans Veho qui
brûle. De près c'est tragiquement beau, cette rougeur
énorme sur le ciel, ces bouffées de fumée rabattue du
vent comme d'immenses tours, et, se découpant sur les
nuages empourprés, ce contour noir, en ombre chinoise
et dansante, des pans de mur, des pignons dépouillés

de leurs toits et non écroulés. Nous croisons un convoi
de mitrailleuses, petites voitures basses traînées par des
mules, et longeons, dissimulés derrière les haies, des 75
qui tirent encore et font sursauter l'air autour de nous...

GUERRE ET POÉSIE

(Vendredi 23 à vendredi 30 juillet 1915)

La vie est belle. Sommerviller, humble village fait
d'une large rue bordée de maisons étroites, c'est le pa-
radis terrestre. J'y ai un lit, fort propre, dans un cabinet
noir ; le ravitaillement est possible, grâce à Dombasles,
à douze cents mètres. Fruits, œufs, légumes, viande
fraîche. D'excellentes gens. Petite vie de grandes manœuvres. Le canon même a l'air d'en faire partie. Seulement, ce qui à tout instant nous ramène à la guerre,
c'est le triste spectacle de tous les villages que nous
traversons, chaque jour, dans nos promenades à cheval
et nos écoles d'escadron et de régiment : Hudivilliers,
Haraucourt, Courbesseaux, dont il ne reste à peu près
rien. C'est ici une des parties du champ de l'immense
bataille du Grand Couronné de Nancy ; son souvenir
tragique y frémit encore, tout pantelant au milieu de
ces ruines récentes, où déjà courent les pampres et les
herbes folles.

Huit jours de repos, coupés d'astiquages, de corvées,
de revues. J'ai quelques loisirs. Je lis, pour oublier le

reste. J'ai lu *Don Quichotte*, livre incomparable et qui
contient tout: poésie, vérité, comique. J'emporte dans
une de mes sacoches, à la place d'une boîte de singe,
quelques livres excellents, sous le format le plus com-
mode: *les Confessions*, Musset, *les Liaisons dangereuses*,
Guerre et paix et un bouquin d'astronomie. Jamais la
beauté des livres et des lettres ne m'a été, je crois, plus
sensible; et ce sentiment, pour être très fort le mien,
n'en est pas exceptionnel. Je vois beaucoup lire autour
de moi. Sans doute nos loisirs, entre deux corvées, et
cette vie exclusivement physique nous laissent-ils plus
de facilité pour réfléchir, pour penser, pour rêver... s'embarquer dans une belle histoire et se laisser emporter
comme au fil de l'eau, loin, loin, ailleurs... Quelle consolation à soi-même, quelle diversion aux horreurs de
ces temps si tristes et si durs! Quelle personnification
aussi de l'idée de France, de patrie, de tout ce qui nous
est si cher, que le génie de notre grande et inépuisable
littérature! Peut-être aussi que nos chefs-d'œuvre, pour
être sentis pleinement, ont besoin de ce loisir spirituel
qu'engendre une vie moins précipitée et trépidante que
celle qui était la nôtre en temps de paix, et de cet air
éventé et plus pur que les grandes catastrophes entre-
tiennent autour d'elles, balayant les mauvais miasmes...
Je me suis pris d'amitié pour les étoiles, à vivre dans
leur compagnie, par ces nuits si pures; et j'aime à entendre parler d'elles, et j'écoute avec frénésie les belles
histoires que le vieux Flammarion raconte sur tout ce
qu'il y a dans le ciel. C'est proprement de la poésie,
une poésie où le rêve s'enroule autour de la mathéma-
tique, et où l'algèbre a des airs penchés... C'est avec

des livres sans cesse renouvelés que le temps le plus
lourd devient aisé et supportable. Il faut alterner le
maniement d'armes et la poésie. Elle est peut-être la
plus sûre des réalités.

CENT SOLDATS FRANÇAIS INCONNUS

(*Dimanche* 1ᵉʳ *août*)

Promenade des chevaux. Je ne sais rien de plus
triste que cette plaine, autour de Courbesseaux, dont
la longue monotonie n'est coupée de-ci, de-là, que par
ces buttes de terre qui sont des tombes, ces croix de
bois multipliées à l'infini, ces trous d'obus, énormes et
rapprochés, où stagne une eau jaunâtre. Et des tombes,
des tombes encore, toutes pareilles: un vague tumulus,
une croix, un képi fané par les pluies, posé sur une
baïonnette fichée dans le sol, quelques pauvres fleurs
séchées, et sur tout cela, qui est déjà le passé—septembre 1914!—le grand ciel, l'été, la verdure, la nature
heureuse...

J'essaie vainement de reconstituer la bataille, sur ces
ruines, ces villages, ces crêtes moutonnant au loin. J'en
connais les grandes lignes, mais, faute de détails précis,
sans guide, il est impossible d'en retrouver les fluctua-
tions et même seulement la position des adversaires,
la démarcation des deux fronts. Les gens du pays ne

savent rien, ou se contredisent. C'est un théâtre où la
pièce est jouée, il n'en reste plus que le décor, insuffisant
pour donner une idée du drame. On croit avoir situé
l'action, *grosso modo,* dans son ensemble. On avance
encore, et une tombe de soldats allemands, par exemple, un peu plus loin que l'endroit qu'ils semblaient
n'avoir pas dépassé, suffit à renverser votre hypothèse
Marches, contre-marches, dates, tout s'embrouille. On
ne peut rien deviner. Il faut alors se contenter de céder
sans comprendre à l'émotion que ces lieux dégagent,
par ce que nous savons qu'il s'y est passé de grandiose
et de terrible, d'écouter la leçon des tombes, l'abnégation de ces milliers de vivants qui sont devenus des
morts pour une idée, parce qu'il ne fallait pas laisser
l'ennemi entrer plus avant... Sans fin, sans fin, des tombes, et des tombes encore; des tombes immenses, vraies
fosses communes et anonymes où l'on a enfoui pêle-
mêle—combien de jours après la bataille?—ces morts
méconnaissables, et dont l'horreur s'accroît d'inscriptions de cette sorte, tracées sur une méchante croix de
planches: "*Ici reposent cent soldats français inconnus...*"
Et cela, je ne l'ai pas vu une fois, dans cette plaine,
mais dix, vingt fois peut-être. Alors, devant cette men-
tion sinistre: *inconnu,* on se demande si quelqu'un de
ces anonymes n'a pas été votre ami, dont on est resté
sans nouvelles depuis plus d'un an. Je pense ainsi à
André du Fresnois, "disparu à la bataille de Courbesseaux" et dont nul depuis n'a jamais entendu parler.
Tant d'autres encore!

AUX LIGNES

(Lundi 30 *août* 1915)

Nous sommes remontés hier aux lignes, devant Bures, où nous étions le mois dernier. Je ne suis pas de liaison, et vais aux avant-postes prendre mes tours de faction. La nuit lente s'achève. Entre deux gardes il faut dormir dans la tranchée découverte, recroquevillé sur soi-même, les pieds dans l'eau jusqu'aux chevilles, les fesses sur une méchante pierre posée dans la boue, la tête reposant contre la musette, avec les boîtes de conserve pour oreiller (on se réveille une boîte de sardines imprimée dans la joue). Et lorsqu'on finit par dormir ainsi, malgré le froid, la pluie, le chagrin qu'engendre la souffrance, dans la nuit, les relèves des sentinelles vous réveillent, d'heure en heure, vous heurtent de leur pied pesant dans votre coin, butent dans vous, et gueulent. Alors, à mi-voix, c'est une dispute homérique, où les injures volent. Et puis on se remet en boule, et l'on s'efforce de dormir. Et la pluie tombe, incessante, pendant que vous dormez. Je me suis réveillé transpercé, ce matin, à cinq heures. Il a fallu nous replier, car nous n'occupons ces tranchées que la nuit; et tout le jour nous le passons dans un certain abri à puces, plein de paille pourrie et de débris de toute sorte. Il faut, pour y aller, suivre ce boyau en montagne russe où l'eau s'accumule, à ce point qu'on y enfonce jusqu'au genou. Nous sommes dans un état de saleté qui dépasse tout,

dégoulinants de boue et d'eau, glacés jusqu'aux os.
Impossible de se sécher, il pleut tout le temps. Néanmoins le moral est bon, on rit et on blague. Que faire
de mieux? Il faut toute l'autorité des officiers pour
nous faire prendre les boyaux, lors des relèves. Il
n'est personne qui ne préférerait obus et balles à cette
"mouscaille" où l'on patauge. Le lieutenant si désagré-
able qui commande le détachement de tranchées semble
prendre un malin plaisir à nous y voir barboter. D'ailleurs, il s'est mis en tête de nous faire vider ce boyau,
pour employer notre repos diurne. Nous nous y mettons, avec nos quarts et nos gamelles, n'ayant point
d'autres ustensiles. Mais autant souffler dans un tambour. On a beau l'enlever, il y a toujours autant d'eau.
Le soir vient, nous ne sommes pas secs encore de l'ondée de la nuit dernière. Quand on se couche, on entend
craquer ses jointures. Gais tout de même, et bons enfants. La réjouissance de la journée a été de regarder
Rousseau-la-Frappe se mettre nu, et chercher ses poux.

Mercredi 1ᵉʳ septembre.—Sept heures du matin. Bon
soleil. J'y chauffe mes pieds froids et tâche de faire
sécher mes vêtements trempés par trois jours et trois
nuits de pluie et de boue. A la seule chaleur du corps,
l'eau s'évapore peu à peu. Et je me vois répandre autour de moi une vapeur fumante, comme un cheval
après une course un peu vive. Dans l'abri, nous dormons
sur la paille à puces, comme des brutes, nous réveillant
seulement pour prendre le jus, la soupe ou le thé, qui
arrive froid comme la vengeance,—du thé pour dia-
bétiques, sans sucre. Et les corvées: essai de vidage
du boyau étroit ("On aurait pu le faire moins long...

et un peu plus large," dit Ducoisy), construction de caillebotis pour les passages difficiles, etc. Encore deux factions, cette nuit, de deux heures chacune. J'ai pris le parti de me vêtir en Esquimau; et, pour la grande joie de mes camarades, je monte ma faction déguisé. Le fait est que sous ma toile de tente et mon caoutchouc, embobiné dans mon manteau et ma salopette, j'ai l'air d'un Touareg ou d'un pain de sucre. Nuit calme encore, brumeuse et claire, le ventre au réseau, surveillant la chicane. Des gens du génie renforcent les défenses assez médiocres du secteur; ils travaillent lentement, sans intérêt: ces barbelés, qu'ils posent, ne leur serviront pas, à eux... alors? Toujours ce même spectacle de la lune splendide baignant la vaste campagne embrumée et jouant avec les nuages une étrange fantasmagorie. Silence. De temps en temps, dans les fonds, un coup de feu, d'un côté ou de l'autre. Si c'est un allemand, il fait en deux temps: *toc-taque*, et français: *clac*. Puis le long sifflement, lent, de la balle glissant dans le ciel humide. Puis le silence, de nouveau, et le bruit monotone et mineur des piquets qu'on enfonce avec un maillet entouré de paille pour étouffer le son —et le crissement léger des fils de fer où joue le vent.

Lente promenade, serrant les dents et me bandant de tout mon être contre le froid.—Ah! ces nuits, ce froid, terrible, pénétrant les os, si profondément qu'on se croit la moelle gelée à jamais,—froid partout, aux épaules, aux reins, aux jambes, aux pieds, au ventre, —froid tombant du ciel, montant de la terre,—issu des parapets suintant autour de vous,—de l'air qu'on respire, du sol où l'on marche, du vent qui vous applique

vos vêtements contre le corps comme un linge mouillé... Et, tandis qu'on lutte contre cette eau, ce vent, ce
froid, emmitouflé sous le manteau et la toile de tente,
tenir son fusil à l'abri de la boue, pour qu'elle n'y entre
pas et n'aille pas le rendre inutilisable, cependant que
sur son canon de bronze, glacé, les doigts collent, avec
une sensation de brûlure atroce... Bah! n'importe, ces
misères ont du bon, et malgré le ciel bas et triste, noir,
plein d'une pluie prochaine, nous sommes tous gais,
joyeux, nous moquant de nous et de nos maux, les
rendant légers autant que nous le pouvons, à force de
plaisanteries et de bonne humeur. Cela, c'est le côté
superbe de cette guerre, la façon dont les hommes de
chez nous supportent allégrement toutes ces choses
pénibles, lassantes, douloureuses. Il n'y a décidément
que l'ennui qui ne se supporte pas. Mais aux tranchées,
on ne s'ennuie pas, faute de temps. On y rit, même, et
beaucoup, comme des enfants; et le plus surprenant,
c'est d'entendre rire sous le ciel sombre. Voilà notre
mérite. Rire au soleil est si naturel! Chacun montre
l'espèce de moignon boueux qui lui sert de pied, sup-
pute le degré de pénétration de l'eau, avec une belle
truculence de langage. Pour le reste, nous sommes assez
tranquilles dans ce secteur. On ne craint pas d'attaque.
Mais il faut se défier des patrouilles qui arrivent assez
souvent jusqu'aux réseaux, comme hier soir, où il y a
eu un peu de fusillade, à cause de trois Boches parve-
nus près de la chicane... Cet après-midi, deux autres
factions à l'extrémité de la tranchée, où les Boches
doivent nous voir, car toute la journée, ils tirent, et leurs
balles font voleter la terre. L'une d'elles heurte le coin

du bouclier de fer qui couvre mon créneau et rend sous
le choc un son qui vibre longuement. Des perdrix
rappellent, dans le creux du vallonnement derrière
nous. Notre capitaine chasse, et les coups de son hammerless ont l'air de venir d'un jouet d'enfant, à côté des
vrais.—Je lis *Stello*, livre beau et fou.

J'écris ceci en fin de journée, assis devant l'abri des
mitrailleuses, à tout instant obligé de m'interrompre
pour rentrer par ordre dans l'abri à cause des avions
qui ne cessent de survoler la position et lâchent des
bombes tout autour.

EN ALSACE RECONQUISE

(17 *octobre* 1915)

Ça y est. Voilà la vie de tranchées qui recommence.
L'ordre est d'hier: le régiment devant aller prendre les
avant-postes devant Burnhaupt, à raison de cinquante
hommes par escadron. Ce n'est pas mon tour de marcher,
mais j'ai demandé à accompagner la colonne et à ramener les chevaux pour voir le pays. Réveil à minuit.
A une heure et demie, nous partons au pas, dans la
nuit noire. La route m'a paru très longue, il faisait un
froid horrible. Les étoiles brillaient innombrables au
ciel clair. On ne voyait rien. Nous traversions des bois
touffus, des villages indécis dans l'ombre. Les pieds
gelaient sur l'étrier glacé. Il était trois heures quand

nous passâmes la vieille frontière. Nous n'en avons
rien pu voir, naturellement, mais l'officier, qui connais-
sait la route, nous a prévenus. A quatre heures et demie,
la colonne fit halte à l'entrée du village de Sentheim ;
le détachement de tranchées mit pied à terre et s'en-
fonça dans la nuit. Le reste de la colonne a fait demi-
tour, un homme tenant deux chevaux en main. Les
étoiles ont commencé à faiblir, comme si elles renon-
çaient, dans le ciel devenu plus pâle ; et, peu à peu, le
jour se levant, derrière nous, nous sommes sortis de la
nuit. Alors il y a eu un moment véritablement féerique,
lorsque le soleil, apparaissant presque tout d'un coup,
orbe rouge, est venu jeter ses nappes de velours sur
les prés blancs de givre, les arbres brillants de rosée,
les montagnes rousses, dorées, empourprées, couleur de
flamme et de bruyère... Je n'ai rien vu de plus beau
que ces montagnes onduleuses couvertes de bouleaux
et de chênes rougis par l'automne, sous cet air velouté
d'octobre, sous cet air frais et embaumé, les cimes d'a-
bord rosissantes, tandis que de grandes traînées de
brumes s'enlevaient doucement des bas-fonds... Nous
étions en Alsace,—en Alsace reconquise et deux fois
française. Nous avons passé devant un pylône de pierre
abattu dans l'herbe, au bord de la route : c'était l'ancienne
frontière. Puis, un peu plus loin, les poteaux blancs et
noirs abattus, eux aussi ; c'est un plaisir, cela. Cela
compte. Une émotion très vive nous remplissait, tous.
Puis ce fut la traversée au pas d'un village charmant,
avec ses maisons basses, peintes de couleurs claires,
avec leurs larges volets, leurs doubles fenêtres et ces
grands toits de tuile descendant très bas, surplombant

en auvent les quatre façades. Sur les devantures, de
vieilles enseignes en allemand se balançaient, cocasses.
Depuis un an, on les a presque toutes doublées d'inscriptions françaises. Sur une grande muraille, on voit,
en énormes lettres gothiques, ces mots:

AUGUST MEYER.

RESTAURATION.

Le bonhomme a trouvé que ce n'était pas assez français. Il a fait ajouter un *e* final à *August*; mais, faute de
place, le petit *e* s'intercale, en caractère romain, timide
et touchant, entre les grands jambages gothiques. C'est
gentil vraiment. Mais en voilà assez pour faire fusiller
Auguste Meyer, si les Allemands revenaient par ici,
jamais. Au coin des routes, les indications vicinales
sont remplacées. On a retrouvé sous les plaques allemandes les inscriptions françaises d'il y a quarante-cinq
ans. C'était ici le département du Haut-Rhin. Ce l'est
de nouveau. C'est encore agréable, cela. Cette promenade délicieuse nous a enchantés. C'est aussi que
le ...ᵉ est un régiment patriote.

CAMP BENOIT

(*Vendredi* 11 *février* 1916)

Quel tapage, grand Dieu! on ne s'entend plus. Hier,
aux lignes, quand les obus nous passaient par-dessus
la tête, nous disions: "C'est solide, c'est pour le camp
Benoit!" Aujourd'hui, nous y sommes, au camp Benoit.
Et depuis deux heures, de cinq minutes en cinq minutes, nous sommes ébranlés dans le fond de notre abri
souterrain: il a beau être enfoui dans le sol, sous une
épaisseur de cinq à six mètres de rondins, de sable, de
sacs, de galets, de fascines, voire de rails de chemins
de fer, chaque éclatement nous fait sauter sur nos cou-
chettes, comme des graviers sur un tambour. Et le
bombardement est sérieux: rien que du 150, peut-être
même du 210. A chaque coup, par les fissures du plafond et des parois, la terre nous dégringole dessus, les
chandelles qui soutiennent l'abri grincent et vacillent,
comme si la terre était élastique. Mais le tout tient
bon. Il a dû tomber quelque chose de gros, un mahousse, sur le coin de la casbah, car elle tangue, à un
moment... Nous avons tous cru être engloutis. D'autres
éclatent tout autour, il retombe des éclats, des blocs
de terre, jusque dans le boyau. On entend le *floc* que
font les débris de ferraille entrant dans le sol spongieux,
le craquement sec des arbres tranchés, qui s'écroulent...
Et chaque détonation voisine est suivie d'un souffle
d'air puissant, déplacé par l'explosion, qui s'engouffre

dans notre tunnel. Ma bougie est éteinte, trois fois de
suite. Je la rallume chaque fois, puis me lasse. On
reste dans le noir. Inutile d'user des allumettes pour
rien. On n'en a pas tant. Les hommes rient, tout de
même, entre deux secousses. Ce tempérament blagueur
et joyeux, jusqu'au milieu des pires marmitages, a vraiment quelque chose de crâne et de joli. D'ailleurs, que
faire? Pleurer? Gémir? Trembler? Nous n'avons qu'à
rester là, et à nous en faire le moins possible. Cette
disposition se traduit par des considérations de ce genre:
    "Ils vont sonner la soupe...
    —Qu'est-ce qu'ils nous mettent!
    —Des canons! des munitions!... Et y en a qui trou-
vent qu'y en a pas assez comme ça!
    —Il nous faudrait des femmes, ça manque de femmes.
Des obus, on en a tant qu'on en veut; c'est pas ça qui
manque!...
    —Les obus allemands n'éclatent pas!..."
Cet aphorisme ironiquement recueilli dans les journaux, lancé d'une voix calme par Bouteiller, provoque
la plus vive gaieté. Et Jésus:
    "Hé! la Bouteille, t'as pas peur des morts subites?"
Une accalmie. Je me décide à rallumer ma bougie.
Je n'ai pas plus tôt achevé qu'une nouvelle marmite
arrive et l'éteint derechef. Alors Pepette—celui qui
l'été dernier, en Lorraine, nous rapportait plein son
casque de cerises si bonnes et si fraîches dans nos trous
desséchés par la canicule,—Pepette, avec sa voix traî-
nante des faubourgs:
    "Vous croyez qu'on aura la guerre?"
Voici le petit calcul que, pour ma part, je me faisais

in petto: "Il y a six mètres de terre et de rondins entre la surface du sol, où éclate l'obus, et moi. Un obus de 150 fait une cuvette de trois mètres de profondeur. Donc, s'il en tombe un second dans la cuvette que vient de faire celui qui éclate à l'instant au-dessus de moi, je suis fait. Toute la guerre repose pour moi dans cette formule arithmétique bizarre, mais vraie: "$3 + 3 = 6 =$ zigouillé. D'où, $3 + 3 = 6 = 0$."

L'ATTAQUE

(Jeudi 16 mars 1916)

Où courons-nous? Je sais bien où sont les tranchées, mais à quel point exact allons-nous? L'officier qui le sait, ne nous l'a pas dit. Qui y trouverons-nous? Peut-être l'ennemi installé. Nous ne savons rien, si ce n'est que la position est attaquée. Il faut marcher, marcher encore. Le chemin me paraît terriblement long, je souffle à rendre l'âme, tant l'effort est rude. Impression extraordinaire d'être projeté hors du monde sensible, par une force supérieure. S'il vous reste une idée, c'est de se dire: "Où serai-je, que serai-je dans cinq minutes?" On est en dehors du temps, et même de la vie; ou plutôt la vie est en vous, mais n'est plus à vous. C'est comme si on courait en portant un globe de cristal dans ses mains: un faux pas, il est brisé. En même temps, l'effort physique supprime aux deux tiers la conscience: ce qu'il en subsiste, c'est qu'il faut aller de l'avant; et votre mouvement vous entraîne, tel que même, si on le voulait, on ne pourrait pas l'arrêter. Tout cela confus, d'ailleurs, sur le moment. C'est aujourd'hui seulement, en essayant de noter mes impressions, que j'y mets un petit peu d'ordre. Tout en courant, la pensée qui me dominait, c'était: ne pas tomber d'épuisement, le cœur arrêté. Je ne voyais pas les obus, je ne les entendais pas siffler ou éclater, l'un ou l'autre, je n'entendais que le fracas terrible de tout l'ensemble. Je me suis senti pendant deux, trois minutes peut-être, absolument privé de tout sentiment humain, suspendu, abandonné à la fatalité, ne m'occupant pas de la mitraille, ni de la fusillade, et ne songeant pas à un rapport quelconque entre moi et elles. Idée singulière de: "J'y suis, j'y suis! pas moyen de faire autrement." Matériellement, on n'a pas le temps d'avoir peur, parce qu'on n'a pas le temps de regarder. Seul, un nom a passé dans mon esprit. Je n'avais qu'une préoccupation,—outre celle de ne pas tomber, parce que je ne devais pas, à cause de mes hommes,—c'était de sortir au plus tôt de ce maudit boyau, où on ne voit rien, où on ne pourrait même pas se défendre, et d'arriver au plus tôt à la tranchée. Ici, on est en l'air; les hommes espacés, ne se suivant plus l'un derrière l'autre. Pour moi, je sentais vaguement que si des Boches débouchaient brusquement dans le boyau, il me serait impossible de me défendre, avec tout cet attirail pesant sur le dos et entre les mains. Et puis, à bout de souffle que j'étais, on m'aurait jeté par terre d'un coup de poing, mon fusil n'était même pas chargé.—Nous rampons

sous une espèce de tunnel, ancien abri effondré; j'aperçois au bout une vague lueur. C'est la voie ferrée. Il
me semble qu'il y a des arbres abattus, de la terre
éboulée, partout. Nous tournons à droite, vers la Car-
rière. Vive animation d'hommes courant, allant et venant, à la gabionnade. Je croise l'adjudant Bouny qui
me dit bonsoir de l'air le plus calme. Il prend bien son
temps!

Une ombre, debout dans la tranchée. Je reconnais
le lieutenant D...

"Qui est-ce? dit-il en me prenant par le bras.

—Henriot, troisième peloton.

—Ah! Bon! Mettez-vous là, vos hommes aux créneaux.—Quatrième peloton, par ici..., etc."

Ouf! nous voilà à notre poste de combat. Je jette
par terre tout ce que j'ai sur moi, équipement, musette,
souliers, toile de tente, glisse ma carabine dans la meurtrière, m'adosse contre la paroi de la tranchée, et je
respire. Je ruisselle de sueur, je ne sens plus mon cœur,
à force d'avoir couru. Quel bien-être, que de s'appuyer,
ne plus bouger! Il me semble que j'ai cent mille kilos
de moins sur la poitrine. Mes hommes ont fait comme
moi. Chacun choisit son champ de tir. On se sent très
fort, coude à coude. On sait qu'ici on pourra se battre,
bien tirer, voir venir. Derrière nous passent d'autres
hommes de l'escadron. Ils nous jettent en courant qu'il
y a des blessés, cinq ou six, que Dessaux, le brigadier,
a la moitié de la figure enlevée. C'était lui qui venait
juste après moi. Je regarde l'heure: sept heures vingt-
cinq. Un cri soudain, étouffé:

"*Ils* sont dans les fils de fer!"

Je regarde. A cinquante mètres devant nous, des ombres dans la pénombre, en effet.

"Ne tirez pas sans ordre!"

Bien m'en a pris. Au même instant l'officier passe. Je l'avertis. Il nous crie que ce sont des nôtres, du 4ᵉ escadron, qui ont été portés en avant, jusqu'aux réseaux. Défense de tirer sans commandement. Je recommande à mes douze hommes de viser bas, quand on commandera feu. On tire toujours trop haut. La canonnade fait rage, et de tous côtés, mais les obus éclatent toujours en arrière, sur le boyau que nous suivions, tout à l'heure. La fusillade est incessante aussi, inouïe de violence; les mitrailleuses crépitent aux parallèles sans discontinuer. Clair de lune. Fusées. On voit comme en plein jour. Des shrapnells sifflent, en tous sens. Fantastique. D... repasse.

"Ça va?"

Tout le monde répond à la fois:

"Très bien, mon lieutenant. Ils peuvent venir! On les recevra."

"J'ai perdu mon casque, dit un bonhomme. Il a été enterré...

—Tu n'es pas enterré, toi... fait le lieutenant. Alors ça va bien. Qu'est-ce que tu veux de plus? Ah! et puis, vous autres... vous savez... ce soir, vous pouvez fumer!...

Très excité, le lieutenant. On profite de sa permission. Je distribue des cigarettes à mes hommes. On s'en fiche, des Boches! On est un peu là pour les recevoir! Les hommes rient, parlent haut, excités eux aussi, ayant besoin de se détendre, de faire des gali-

pettes. Moi, je souffle, je suis heureux. Maintenant que
l'effort physique le plus dur est fait et qu'il n'y a plus
à se débattre contre l'enlisement dans le boyau, je cède
à une impression délicieuse de soulagement, de repos,
presque de bien-être.

Je suis couvert de boue. Je me frotte le dos de la
main droite. Elle me cuit un peu. Je mouille mon
mouchoir avec du vin, je lave la boue, et sous la boue,
du sang. Tiens! Tiens! Blessé? J'examine la "plaie."
Une éraflure de rien du tout, c'est assez vexant. Deux
centimètres de peau coupée en long; sans doute un
petit éclat attrapé au vol, dans ce boyau. Un tout petit
éclat d'un très gros obus. Suis-je à ce point sanguinaire
et barbare? Je dois dire que la vue de mon propre sang,
le premier versé, m'a beaucoup réjoui. D'autant plus
qu'il n'y en avait pas énormément.

Où en sommes-nous? On ne voit rien venir. Je demande au lieutenant comment vont nos affaires. Elles
ne sont pas mauvaises. Sur notre gauche, vers les
parallèles, l'ennemi est arrivé par surprise jusqu'à nos
petits postes et en a enlevé un, qu'une contre-attaque
lui a aussitôt repris. Une grande lueur rougeâtre annonce un incendie vers Mikhelbach. La situation a
l'air très bonne. Mais quel barouf!

Toute cette mitraille dans les airs, ces éclats chan-
tants, qui retombent, ces balles qui susurrent leur douce
musique meurtrière, quoi? C'est la mort en personne
qui agite ses grands bras décharnés autour de nous.
Et je songe que se faire toucher est vraiment absurde,
parce que, à de rares exceptions près, jamais une balle
ou un obus ne vous est destiné en propre. On est donc

touché par hasard. Absurde. Étrange impression que celle de se sentir ainsi dans la main du destin aveugle. S'il ouvre les doigts, c'en est fait de nous... Cependant, dans la tranchée même, qu'est-ce qu'on risque? Une balle de plein fouet dans la figure, ou bien l'obus qui éclatera dans un rayon de trente mètres...

Décidément, on ne voit rien à travers ce créneau. Je sors à demi de la tranchée, je sens bien que c'est stupide, mais comment résister au besoin de voir? Le spectacle est beau, inhumainement beau. Jamais le ciel ne m'a paru plus vaste, la nuit plus profonde. Quelle musique! L'orage du canon, incessant, multiplié, formidablement répandu sur toute l'étendue, est impressionnant, certes, mais pas autant pour moi que le tac-tac des mitrailleuses qui tissent devant nos tranchées, en tous sens, un invisible et infranchissable réseau de plomb. Elles vont d'une cadence si rapide qu'on n'entend plus les coups distincts, mais un bruissement continu, semblable à un jet de vapeur. Non plus *taca-taca-taca*, mais *ch... ch... ch...* C'est comme la chanson d'une chute d'eau sur des rochers, un égrènement métallique dans l'air mouillé. Et des lueurs: les brusques flammes, courtes, de la fusillade; les éclairs plus larges du canon; puis, là-bas loin, le ciel s'empourpre, un incendie allumé dans un village ou dans un bois... Combien cela dure-t-il? J'ai beau consulter ma montre, les heures différentes qu'elle marque chaque fois n'ont plus la même valeur, on n'a plus la sensation du temps qui s'écoule. On est au-dessus du temps. Pourtant j'ai eu froid, puis faim.

Il me semble que l'intensité du feu, qui, longtemps n'a cessé de s'accroître, n'augmente plus maintenant.

Il est étale. Cela dure encore quelques instants, et l'on pressent que cela va s'arrêter. L'effort ennemi est localisé sur un point. Peu à peu le vacarme décroît, l'accalmie vient. Nous respirons; mais l'on sent que l'ennemi souffle. Premier *round*. Nous en profitons pour modifier notre situation. Il faut relever le 4ᵉ escadron. Avec quinze hommes, je vais occuper une petite tranchée, isolée dans la plaine, en avant des lignes.

"Vous êtes la position la plus importante, me dit l'officier avec le plus grand sérieux. S'il y a attaque sur vous, tenez à tout prix. Je vous soutiendrai."

Tenir? Bien sûr. Nous filons, mes hommes et moi, par le boyau découvert. Voici l'endroit. Une tranchée en demi-lune, de vingt pas, avec des créneaux. Je place mes vedettes, à plat ventre, en avant, dans l'herbe. C'est diablement plat, une plaine. La fusillade, un instant décrue et quasi calmée, se rallume soudain, brusque et nourrie, sur notre gauche toujours: l'ennemi attaque à nouveau. Peut-être ne vient-il que chercher ses morts dans nos fils de fer. Il me semble qu'il n'a pas le mordant de tout à l'heure, mais c'est difficile d'évaluer. A part les shrapnells, autour de nous, derrière nous,—sur nos camarades?—l'effort n'a pas l'air de se porter de notre côté. Même déluge de ferraille, même ouragan de feu, en tous sens. Ici, là, devant, derrière, à droite, à gauche, par terre, dans le ciel. Une vague tôle recouvre une partie de notre tranchée, un shrapnell vient tomber dessus et elle chante... Il faut attendre, attendre. Nous n'aurons pas encore tiré un coup de fusil. Sur quoi, d'ailleurs, l'aurions-nous fait?

... Une heure du matin; c'est fini. La dernière mi-

trailleuse crépite, toute seule. On entend encore son
bruissement, presque solitaire, puis il se fragmente,
comme les derniers coups de la sonnerie d'un réveil, à
bout de souffle. La cadence se ralentit ; quelques balles
encore, dans le vide, deux, trois encore, puis une ; puis
plus rien. Et l'oreille étonnée ne perçoit plus que le
silence, qui, après tout ce tintamarre, prend toute sa
valeur musicale. Et l'immense nuit calme enveloppe
toute chose, et l'on n'entend plus que le bruit de son
propre cœur, au fond de soi, qui peu à peu s'apaise et
redevient normal...

NOTES

(Expressions ne se trouvant pas dans les dictionnaires
français-anglais.)

M. MARCEL NADAUD dédie son livre *En plein Vol* à ses
amis de l'escadrille V.B. 102, à ses camarades de la cinquième
arme. Les évènements qu'il décrit se passent entre juillet
1915 et juillet 1916.

P. 1. **vos mécanos**, vos mécaniciens.

P. 2. **à chichis**, vaniteux ; *faire du chichi* (ou *des chichis*),
prendre de grands airs.

P. 3. **le filon**, poste de tout repos ; **ils nous sonnent**, ils nous
bombardent sérieusement ; **une classe 16**, soldat de la classe 1916
(ayant 20 ans en 1916).

P. 4. **sa carlingue**, partie de l'avion où se tiennent les aviateurs ; **nos coucous**, nos avions ; *un coucou*, autrefois, une dili-
gence, une vieille locomotive.

P. 5. **les dragées**, le cadeau qu'on offre aux baptêmes.

P. 6. **les foies**, la peur, 'la frousse.'

P. 7. **au manche**, à la barre du gouvernail.

P. 9. **un as**, aviateur distingué.

P. 13. **crapouillages**, bombardement par des *crapouillauds*,
mortiers de tranchée ; **tes percuteurs**, les tiges qui frappent
l'amorce.

P. 14. **la popote**, lieu de réunion, salle à manger, et le groupe
de militaires qui y prennent leurs repas.

P. 17. **un tracteur**, avion de réglage.

P. 18. **une galipette**, une gambade.

P. 20. **les bleuets** (ou *bleusailles*), jeunes soldats, débutants ;
leurs leggings sont culottés, sont râpés et sales (cf. une pipe
culottée).

la dernière de Rip, la dernière reprise de cet opéra-comique.

P. 21. **rester pénard**, se tenir coi, rester dans les lignes.

P. 22. **il tourne rond**, rondement, très vite,—donc tout va bien.

P. 23. **du pinard**, du vin ordinaire; **plaquer**, laisser (en panne), abandonner; **le ralenti**, le bruit de notre moteur qui s'est ralenti.

P. 24. **le vrombissement**, bourdonnement de moteur.

P. 25. **quelle poisse**! quelle guigne! **capoter**, chavirer; le *capot*, couverture métallique protégeant le moteur.

P. 26. **si ça te chante**, te sourit, te plaît; **turellement**, naturellement.

P. 27. **zieuter**, verbe tiré de *yeux*,—tu verras quels beaux tirs je vais faire; **dégoter**, atteindre; **aux pommes**, de première classe.

collimateur, partie d'une lunette astronomique donnant à la vue une direction déterminée.

P. 29. **ça va barder**, ça va chauffer; **t'en fais pas pour le chapeau de la gosse**, ne te fais pas de bile, on se tirera d'affaire.

P. 30. **toubib** (ou *toubi*, mot arabe, d'abord usité dans l'armée d'Afrique), médecin-major.

P. 31. **pas de bris d'os**, pas d'os brisés; **eng...**, engueuler; **je ne vous l'envoie pas dire**, je vous le dis carrément.

motif soigné, ne déguisant rien du méfait; **carabiné**, excessif, bien flatteur; il y a une gradation entre un motif ordinaire, un motif soigné, et un motif carabiné.

P. 32. **on lui bourrera le crâne**, on le trompera, lui donnera une fausse nouvelle; **rompre**, vous en aller; **ma contre-visite**, visite nouvelle pour contrôler une première visite.

P. 33. **nous ne l'encaissons pas**, nous ne le dupons pas; **haricots rouges encore**!—les haricots *blancs* passent pour être meilleurs; **rockings**, c.-à-d. rocking-chairs.

P. 34. **redressé**—sous entendu—le volant.

le zinc (ou *zingue*), l'avion; **rectifié**, fichu, démoli.

vous boulonnez, travaillez (*du boulot*, du travail dur); **piqué**, toqué, fou.

P. 35. **on fait le mur**, on l'escalade; **ça colle?** ça va? c'est convenu?

P. 36. **dans de jolis draps**, 'dans le pétrin,' dans une position fâcheuse.

NOTES 179

P. 37. **le déclic,** la pièce qui, décrochée, laisse tomber la bombe.

P. 40. **dériver,** être entraîné par le vent ; **en douce,** en tapinois, à la dérobée ; **gazer,** aller à souhait.

P. 41. **coco,** benzol, essence ; **de la flotte,** de la pluie.

P. 43. **au pieu,** au lit.

P. 45. **les plans,** les parties secondaires ; **le stabilo,** le moteur.

M. GASTON RIOU dédie son *Journal d'un simple Soldat, Guerre-Captivité,* 1914—15, à Guglielmo Ferrero. M. Riou, ambulancier, fut fait prisonnier le 2 septembre 1914, et incarcéré dans le fort Orff, près d'Ingolstadt. Après onze mois de captivité, il fut rapatrié pour cause de maladie.

P. 48. **le cafard** (mot de l'armée d'Afrique), le spleen, dépression passagère.

un poussier à poules, lit de poussière où les poules se frictionnent.

P. 50. **le cuistot,** le cuisinier.

P. 53. **mâchuré,** barbouillé de noir.

P. 54. le cidre de **Calvados,** dép. de la Normandie, ch.-l. Caen.

P. 55. **Gefreiter,** soldat de première classe, grade intermédiaire entre simple soldat et caporal ; **Feldwebel,** sous-officier ; **gnädig,** gracieux.

P. 57. **le tréfonds,** les profondeurs.

P. 58. **la Kommandantur,** bureau de l'officier commandant.

P. 59. **Verboten,** défendu ; **les papilles nasales et gustatives,** les narines et la langue.

un pain de rabiot, ce qui reste après la distribution régulière.

P. 60. **ils la sautent,** ils se passent de manger.

P. 61. **classard,** soldat de l'active.

P. 64. **munichois,** de Munich ; **les pfennigs,** les sous ; **le bourrelet,** le rebord.

P. 65. **les essences,** les arbres (qui prédominent dans un terrain), provision de bois.

P. 66. **stylisée,** acérée, tranchante.

P. 67. **agenois,** d'Agen (Lot-et-Garonne).

P. 68. **Theresienstrasse,** rue de Thérèse.

P. 69. **Kœnigliche etc.**, Banque royale de Bavière.

P. 70. **le cireur,** l'ordonnance; **Conditorei,** pâtisserie.

P. 71. **Vorwärts**! en avant! **Bursch,** individu; **Grüss Gott**! adieu! **fichu,** capable.

P. 72. **Bier**! bière; **Wirtschaft,** auberge; **des cochonnailles,** viandes de cochon; **Frau,** dame; **Wirt,** aubergiste.

P. 73. **Wirtin,** femme d'aubergiste; **éméché,** ivre ou peu s'en faut.

P. 75. **Oberstabsarzt,** médecin de l'état-major.

P. 76. **Hauptmann,** capitaine; **Samoyède,** habitant des bords de l'Océan Glacial.

P. 77. **petit nègre,** à la petit nègre, simple, enfantin.

P. 78. **le Poverello,** St François d'Assise.

P. 79. **des barines,** barons russes; **Murattis...Laurens,** des cigarettes.

leurs icônes, images sacrées.

P. 81. **Feld-grau,** uniforme gris de campagne de l'armée allemande; **Mütze,** casquette.

P. 82. **qui s'y frotte,** s'y pique—celui qui s'y risque, s'en trouve mal.

M. Jean Renaud dédie son livre *La Tranchée rouge* à Emile Nolly et Ernest Psichari, morts pour la patrie, et aux colonels Claudel, Boudhors et Truffert de la 3ᵉ Brigade d'infanterie au feu. Le livre se compose de *feuilles de route* rédigées entre septembre 1914 et mars 1916.

P. 90. **des marmites,** des obus de gros calibre.

P. 93. **minenwerfer,** grenades; **les boyaux,** passages creusés dans le sol et conduisant aux tranchées.

P. 98. **skatings,** c.-à-d. skating-rinks.

P. 100. **un blanc d'eau,** un trou d'une profondeur telle que l'eau à la surface est blanche.

P. 101. **les court-à-pattes,** les fantassins; **les trimards,** ceux qui peinent.

M. le Capitaine Canudo offre son livre *in memoriam* à ses camarades tombés dans la désolation des montagnes macédoniennes entre Strumnitza et Kosturino, pendant la première campagne française de Serbie. Il le dédie à Elena B...*vision incitatrice de Perfection française.* Les *Combats d'Orient* ont eu lieu en 1915 et 1916.

P. 108. **gnole** (ou *niole*), eau-de-vie.

P. 112. **un capharnaüm**, lieu où tout est entassé confusément ; **les Boulgres**, Bulgares.

P. 117. **chéchia**, le fez, le bonnet, des zouaves.

P. 119. **des oueds**, les cours d'eau.

P. 121. **un légionnaire**, soldat de la légion étrangère.

P. 125. **les réprouvés**, les impénitents, les damnés.

P. 127. **Merde**! exclamation grossière pour exprimer le dégoût.

P. 131. **déclencher l'attaque**, la commencer.

P. 134. **Pet-na-noch** ! cinq au couteau !

P. 143. **moutonnant**, montrant des taches blanches. (Cf. le moutonnement de la mer.)

P. 144. **singe**, viande de conserve.

M. EMILE HENRIOT dédie son *Carnet d'un Dragon* (1915—1916) à la mémoire de ses amis tombés au champ d'honneur.

P. 147. **bourgeron**, courte blouse portée par les soldats lorsqu'ils font une corvée.

P. 148. **le sol meuble**, sol dont les parties ont peu de cohésion ; **y couper**, y échapper, l'esquiver.

P. 149. **le calot**, la calotte de campagne ; **le manteau chaussé**,—qui descend sur les chaussures ; **la musette**, "Les soldats passent en chantant : 'Mets tes soucis dans ta musette.'"

P. 150. **faire mouche**, mettre la balle dans le point noir, au centre d'une cible.

P. 153. **que veut dire**? que peut bien vouloir dire cela ?

P. 160. **cette mouscaille**, boue épaisse ; **le jus**, le café.

P. 161. **un Touareg**, habitant du Sahara.

la chicane, ce qui se passe ; **ces barbelés**, ces fils de fer barbelé ; **me bandant**, me raidissant.

P. 163. **son hammerless,** fusil sans chien.

P. 164. **rosissant,** devenant rose.

P. 165. **die Restauration,** le restaurant.

P. 166. **un mahousse,** un gros obus; **une casbah** (ou *kasba*), un abri.

P. 168. **je suis fait, zigouillé,** c'en est fait de moi.

P. 170. **la gabionnade,** ouvrage de défense formé de paniers ou de sacs remplis de terre.

P. 172. **quel barouf**! quel vacarme!

For EU product safety concerns, contact us at Calle de José Abascal, 56–1°,
28003 Madrid, Spain or eugpsr@cambridge.org.

www.ingramcontent.com/pod-product-compliance
Ingram Content Group UK Ltd.
Pitfield, Milton Keynes, MK11 3LW, UK
UKHW020315140625

459647UK00018B/1893